大展好書　好書大展

大展好書 好書大展

命理與預言1

12星座算命術

訪星珠　著

大展出版社有限公司　印行

前　言

何謂「性相」

我們人一生下來就以團體的一份子生活著，因此不管好惡，我們一定要和很多人交往。愛人、夫婦、父子、婆媳、上司與部下，同事、朋友等等，這些人類的關係就複雜的交錯著我們的一生。

要是能與人和平相處那還好，現實社會上卻不能事事如意，「我和A相處得很好，可是和他就……」，像這種事我們怎麼說呢？能氣味相投的我們說是兩人「性相好」，不能契和的我們也祗能說是「性格」不合——「性相不好」。

譬如有的人跟上司很合得來，下班後時常去「喝一杯」，但是也有的人事事和上級合不來。也有一些令人羨慕的郎才女貌的夫婦離婚了，卻也有富家女和窮才子私奔的。也有的鄰居住在一起卻怎麼也合不來，也有的相隔千里感情卻好得很的。這些可說都是「性相」的問題吧！

然而爲什叫做「性相」呢？占星學上認爲這是雙方性格成癖性所產生的微妙糾纏，一種靈魂的「震動」。兩人之間交流的震動良好的話，雙方能成爲親密的朋友，假如震動情況不好，會產生不和而離異。

這不只是個人的問題，回顧一下人類的歷史，國家的支配者之間性相不合而引起戰爭，更有的因爲不瞭解對方國家的性格特徵和癖性而引起鬪爭，這樣使得多少人陷入不幸和痛苦之中呀！

「他就是這種毛病，是我這樣做才讓他生氣的」，假如事先能知道他的毛病，或者能預先瞭解他的性格特徵，包括長處短處等，不就可以避免一些無謂的紛爭了嗎？

人際關係多樣化、複雜化的今天，性相的「功效」也愈形重要。爲了幸福的婚後生活、事業成功，建立良好的人際關係，更擴大來說，爲了國與國之間的圓滑外交，減少地球上的衝突，知道「性相」實在是一種最有利的武器。因此可知，人類經歷五千年繼續不斷研究的占星學是如何的睿智啊！

有五千年歷史的占星學研究

星辰占卜之學大約在五千年前，傳說是起於亞洲西部的遊牧民族，其發生、起源的確實情形不得而知。一般的說來是興起於阿拉伯半島廣大的三角洲的巴比倫民族所創造的，因此由埃及傳渡到希臘的占星學，隨著天文學的發達就有了顯著光輝的發展。

另一方面，由阿拉伯民族經印度、緬甸、西藏到中國的占星學也發展成曆書之學，再東傳到日本，後來因儒學之興，占星學逐漸衰微，以致於廢絕直到現在。

相對的，前述希臘的占星學，以猛烈的威勢擴展到歐洲全土，伽利略、布拉耶等天文學家也喜愛占星學，甚至歌德在其多數著作中也屢次提到對占星學的信賴和陶醉。而且各國的國王元首也在宮廷設置有占星術師，預測他們國家的命運。第一次世界大戰之前，預言德國戰敗的占星術師被放逐，而逃到意大利的事件最爲有名。而現在美國也非常盛行，有關占星術的書年間出版數目在數百萬部左右，而占星術師也有數十萬人之多。以天體的運動爲基準的占星學，其正確的預測和命中率之高，現在也成爲科學家注目的焦點。發射人造衛星、大空船之際，也有占星學者加入科學家陣營之中，展開了對人類登陸外星球、或預知地震等科學的貢獻。

心理學也比不上的占星學性相判斷

所謂占星學，區分爲太陽、月亮、水星、金星、火星、木星、土星、天王星、海王星、冥王星等十個星球和黃道（太陽一年運行一周的航路）十二等分，其每一等分各有一個星座宮，而圍在地球四周的天空也區分爲十二等分，利用這些星座的運行來占卜的方法卽是所謂的占星學。

譬如某個人誕生時，其出生年月日是屬於前面所述十個星球中的哪一個，該入哪個星座宮，位於天的哪個區域，配合其出生時地的經緯度計算，作一圖表，這個就像醫生所記錄的病歷表一樣，人在呱呱一聲墮地的瞬間，其所屬的十個星球的位置即可一目瞭然。占星者就利用這個圖表，從星與星之間的角度、距離，星球所屬的星座宮和天空上的位置等，來分析出人物的性格或癖性、興趣嗜好、環境、能力、適性、命運的强弱等，由此以預測將來可能

而比較二個人的性相時，可以視查A性相圖中的星和B性相圖中的星有何種位置關係，其星與星座所意味的原因，乃至問題等，它們之間的相吸或排斥關係，由此而預測其幸與不幸。

例如同樣是屬太陽性相而角度也很好的二人，A的土星和B的太陽同在一個位置時，B將會受到A的什麼影響（或迷惑），而什麼種類的迷惑，是依星的位置來決定的。趣味或生活環境是月，性的一致、不一致是金星或火星，所有的是都有它們管轄的性相。因此可知，性相判斷事實上用複雜的方法，加上綿密詳細的調查而組成的。

今日，占星學所引以爲誇耀的性相判斷的命中率，是其他命運學、科學或心理學所比不上的，這是經過數千年的歷史，經過偉大的占星學者們的鑽研，創造了高度的判斷法所發現出來的，但是這種複雜的方法不是每一個都能應用的。

因此，本書是爲那些沒有占星學知識的人而寫的。問對方的生年月日就能知道簡單的性相，本書即是教讀者使用基本的、正確的占卜性相的方法。

依生日而分的十二星座學

在占星學上，前述一些星球之中最重視太陽。太陽規則地環繞地球的外圍運轉，在太陽經過的通路黃道上，十二星座宮就依牡羊座到魚座的順序排列著。而太陽經過一個星座大約一個月，十二星座宮全部通過需要一年，此卽是循環一周。

十二星座宮的第一位叫「牡羊座」，從春分到四月二十日約一個月之間，太陽卽在此星座宮之中。因此，在這個期間內出生的人，占星學上就叫「屬牡羊座」（牡羊座生）。而四月二十一日起到五月二十一日之間出生的人，太陽在「牡牛座」之中，故稱此時出生的人爲「屬牡牛座」（牡牛座生）。太陽被認爲是賦與人類靈魂或意志、活力、本質性格的星球。依其太陽的位置，牡羊座生的人有忍耐力和溫和的共通性格。

十二星座宮的名稱和其性格的特徵分述如下：

牡羊座（三月二十一日～四月二十日生的人）——火性星座。其守護星是帶來熱和乾燥的火星。

在這個星座宮出生的人，就像晃動著大角在天空飛翔的牡羊一樣，有衝破難關的開拓者的靈魂和激烈的鬪爭心，有濟弱扶傾，挫强助弱的任俠之心。他通常都是前進的。這種星座宮誕生的女性也不說廢話，不發怨言，討厭說理强辯。不喜聽命於人，而想指使別人，是自我意識强烈的人，也是富有企劃力、組織力的人，實踐力也是超群的。因爲充滿正義感、公明正大，所以有時難免和上級的人起爭執，他是事事物物非要分個黑白分明不行的人，因此也難免有獨斷的、缺乏體諒心和同情心的缺點。

牡牛座（四月二十一日～五月二十一日生的人）——地性星座。象徵美與愛的金星爲其守護星。時常揚溢著和平，悠閒溫柔的性格。不隨便說話，但是和藹可親，可說是內向的社交家。非常忍耐和愼重，下決定需要一段時間，但是一旦下定決心就不容易動搖。但是對金錢或物質、對人類的執著心較强，因此常有失敗的危險性。

雙子座（五月二十二日～六月二十一日生的人）——風性星座。守護星爲司知能與辨才的水星。其人頭腦的轉動迅速，有優秀的理解力，是聞一知十的類型。而且知識廣博、消息靈通，舉凡政治問題到明星的閒話等所有的情報的搜集非常快速、喜歡傳播新消息、熱門新聞的人。能在令人眩目的變化或事情中來去自如活動的人。但有點神經質，容易焦燥，多才多藝太過反而顯得淺嚐輒止，大多空泛而終。這個星座的人會熱中某件事物，但另方面也能保持清醒的眼光、親切、圓滑之另一面又顯得冷淡，有這二種相反的特徵。容易轉變，黏著力不夠，有喜歡逃避責任之缺點。

蟹座（六月二十二日～七月二十三日生的人）——水性星座。月爲其守護星。感受性强，是感情起伏激烈的人，亦是充滿情緒的感情者。大多數皆愛勞動，是經濟觀念發達的人，此亦是一大特徵。注重個人的私生活、喜愛家族或有血緣的人。但太過於考慮到家族之餘反而有排他的傾向，由於喜好嫌惡的激烈，容易形成小集團和派別。不喜講理之反面卻伏於記憶力，亦是構想的天才。

獅子座（七月二十四日～八月二十三日生的人）——火性星座。守護星是產生出生命力的太陽。個性開朗、寬大、獨立心和向上心很强的人，不喜要求別人，卻喜歡照顧別人。另一方面很難向人家低頭，說恭維話，大多是光明正大的人。喜歡表現和佩戴頭銜，而輕蔑小氣和吝嗇。身邊喜歡招集一些討好諂媚者和膽怯卑弱者，這種人要注意，不要逃避有益的忠告或率直的意見。而此星座宮的人也難免有傲慢之謗。

處女座（八月二十四日～九月二十三日生的人）——地性星座。支配知能的水星爲其守護星。因此這種星座出生的人大多是智慧的，帶有細緻的神經。有敏銳的觀察和分析能力，對細微的地方也能注意到，而其反面是拘泥於末梢小事，產生顧小失大之恨。而其尖銳的批評和好奇心，有時候也是引起爭端的種子，故時有冷淡、爲所欲爲的非難，其人當領導者易走入獨斷的路，擔任忠實的輔佐任務較爲適合。

天秤座（九月二十四日～十月二十三日生的人）——風性星座。代表美與調和的金星為其守護星。此星座誕生的人大多遵循禮儀，態度優雅，持有不偏左右的中庸意見，喜觀調和的完全的美。公平不偏袒，誰都可親近，但反面而言是騎牆派主義者，稍有一點缺陷就討厭的完美主義者，故顯得有點冷酷。而臨到二者選一時大多猶疑不決。不喜辛勞工作，而好安逸、美裝。是重知性的理性派，在社交場所或議論場合時常充當仲裁調停的任務。

蠍座（十月二十四日～十一月二十二日生的人）——水性星座。守護星為帶有鈈（plutonium）的爆發性和隱藏洞察力的冥王星。這種星座宮出生的人有如蠍子的陰性沉默，兼有探求性。强烈的鬪爭心和猜疑心，故其愛憎倍於常人。又有忍耐力和持久力，能將內心感情隱秘而不顯於外。不喜歡講話，但遇有知心相投的朋友卽會滔滔不絕。對自己喜歡的人誠實，人情觀念深，而另一方面有强烈的嫉妬心和執念，故有落入自己設計的策謀中的危險。

射手座（十一月二十三日～十二月二十二日生的人）——火性星座。守護星是司自由與探求的木星。有深厚的友情觀念，大多是樂天的。隨時都想追求理想的目標，而且樂此不疲。是熱情的、愛好冒險的。有時看起來他是愛好運動和下賭注的，另一面他又非常傾心於學問和宗教。他也是愛好音樂和旅行的人。大膽的另一面又會變得很小心，交際雖然很多，但喜好孤獨。追求速度和驚險，不喜歡束縛，有時一出門就不曉得回來。

山羊座（十二月二十三日～一月二十日生的人）——地性星座。抑制和忍從的星．木星爲其守護。大多謹愼小心，切實，一步一步的著實努力。是澈底的實用、合理主義者，故討厭枝葉末節，能抓住根本要點。性誇張自負，亦有領袖運，適於支配者的工作。要求自己甚嚴，故也易對別人嚴苛，因此周圍的人常對他敬而遠之，易陷入孤獨。這種星座宮的人要注意貪欲和自私自利之情。

水瓶座（一月二十一日～二月十九日生的人）——風性星座。司改革與異常的天王星爲其守護星。富有創造力和獨創性，而且是博愛精神的人，是理想家，喜歡和與自己相同思想的人談藝術或學問。不易偏於感情，大多著重論理的思考。如果家族與人類，家庭與地球讓他作一選擇，他考慮的大都是後者，國際、宇宙的思想成份很高。他有這種性格，因此一方面會固執於自己的理想，產生不顧現實的偏狹或是頑固的獨善主義，也有可能發展成反社會的異端人物，而且假如事情進展順利，他很容易大吹大擂。

魚座（二月二十日～三月二十日生的人）——水性星座。守護星是代表同情心和直感力的海王星。因此，此星座宮出生的人有優秀的直感力，有很多「靈魂的體驗」。而且韻律感敏銳，可表現爲藝術性的創作，亦與旅行或追求放浪的心有關。因爲有很深的同情力，常常都是自我犧牲的表現，但因爲不想傷害別人，反而有時不敢說「不」或拒絕的言語，故大多是心輭的人。不管善惡很容易受到周圍的影響。又對自己要求不夠嚴格，很容易捲入不道德的事件當中。又容易沈溺到幻想的世界裡，不過也有懸崖勒馬的智慧。好勝心强的背面亦是淚腺衰弱的人。對什麼都感興趣，給人一種精力過剩的感覺。

以上是十二星座宮的簡略說明，其中可能有些讀者會注意到火性、地性、風性、水性等幾個名詞。十二星座宮都會屬於這四個性質之中的某一個，而相同性質的星座宮，也會互相引起下列的類似性，這可說是好的配合：

*火性星座宮（牡羊、獅子、射手座）是熱情的，對人生有目的意識的同志，是勇敢的、精力充沛型的，帶有寬大和狂熱性、希望和行動力。情深而且熱烈的去愛，喜歡英雄式的行動。

*地性星座宮（牡牛、處女、山羊座）喜歡實際的問題和堅實的人生。忍耐力强，辛勤勞働，是依賴努力和著實的進步而得到成功的典型。是給予和收獲相等的合理主義者。

*風性星座宮（雙子、天坪、水瓶座）是感覺型的人，愛的藝術、科學和知識。是論理性發達的理想主義者。喜愛知性的事物，容易輕蔑感情主義。

*水性星座宮（蟹、蠍、魚座）因爲敏感和本能，很容易受周圍的影響或感化，也容易喪失對人生和自己的信念和認識。雖是行動型的，但易變，容易受到感覺或衝動的左右，是非論理

的感情型人物。

此外，火和風、水和地的配合也能產生好的性相，如：

(火) 雙子座 (風) 魚座

(例) 牡羊座 (風) 牡牛座 (水)

水瓶座 蟹座

如果心裡先有這些星座的概念，看完本書就能收到舉一反三的效果了。而本文中各各配合的性相之上有些記號，這是表示性相配合的好壞程度。

◎……很好的性相

○……好的性相

⊙……普通的性相

◉……稍差一點的性相

●……不好的性相

1 男和女的性相

你為什麼不能和戀人或結婚的對象和睦相處？

○牡羊座男性←→牡羊座女性

兩者都有强的獨立心，勇氣和向上心，假如對人生有共同的理想和目的，可以成為互相理解的協力者。

二人陷入情網時因爲專心一意的情熱，會不顧周遭的一切，只想投入對方的懷抱裡。在工作上的配合也是非常好的，可以當做職務上競爭的對手，孕育出超越「性」的友情。但因兩者都是牡羊座，爲了共同的目的，可能會傷害別人，或招致他人悲哀至自己豪不知情。因此要注意培養情操，使自己成爲關心周遭事物的人。

◉牡羊座男性←→牡牛座女性

有好的一面，也有壞的一面，可說是「普通」「可有可無」的組合。

富攻擊性的牡羊座男性，和富守備性的牡牛座女性，好像是棒球的投手和捕手一樣，擔負著投捕接收的任務，但是沒有像磁石那樣强的吸著力。

女性可以接受男性的性情，但不能配合男性充滿熱心的話題，因此有時會有「不過癮」的感覺。一旦交際深入時，女性溫柔的背面所隱藏的頑固會對男性感到厭倦。

結婚的話可以維續長久，但無情趣可言，丈夫對金錢不在意，妻子是拼命的儲蓄攢積，妻子會嘮叨，這時丈夫的暴燥或外遇就可能出現，由於丈夫的盲目猛進性格，可能因爲一時的想法而變成認眞的態度，有跟別的女人私奔的憂慮。

在性生活方面，對丈夫的要求妻子是順從，但有週期性的倦怠期，產生一些不能配合之憾。牡牛座的妻子有必要製造使丈失的性感持久的氣氛。

○牡羊座男性←→雙子座女性

男性專心的熱情，配上永不倦怠的雙子座女性眞是棋逢敵手。雙子座的女性談話充滿機智和佻皮，最能吸引單純的牡羊座男性，這種女性在擁抱時也會想到自己的姿勢漂不漂亮，而男性也會疑惑自己是否墮入愛河了？就在懷疑的焦慮之中漸漸燃起愛情之火。

結婚後，因爲認爲娶到自己喜歡的女性所得到的安心感，使得男人變成頑固的丈夫主義者。而喜歡社交的雙子座妻子大都也是職業婦女或到處找鄰居主婦談天說地，東長西短的大忙人。

性生活，妻子會反對單純的、暴君式的丈夫，而要求性愛技巧和氣氛，故妻子易生不滿。因此妻子就喜歡閱讀有關性愛方面的書籍雜誌。

娶到雙子座妻子的丈夫要注意學習性愛的技巧。

●牡羊座男性←→蟹座女性

這不是好的性相。

喜好手藝或料理的典型女性，和男人中的男人結合，好像是很理想的一對，事實上不是這樣。牡羊座的沒有同情心，對注重柔情的蟹座來說是不能忍受的，而蟹座的感情歇斯底里症狀對牡羊座來說也是不能忍耐的。

此外，牡羊座的男性把家庭看做是吃飯睡覺的地方，而蟹座的女性很重視家族的天倫之樂。假如這一組結婚了，期待傍晚在河畔柔情密意，相偕漫步的妻子，會對動作粗野的丈夫感到不滿，很難和諧。

而這種情形也會影響到夜晚的生活。注重情感之樂的蟹座會對牡羊座那種突發的興奮，單刀直入的達到目的就轉身睡著的事情感到失望。這與其說是性的不一致，倒不如說是情緒上的不合諧。

對事業心很重，認爲只有事業才有人生意義的丈夫，要儘量瞭解妻子，雖然有點困難，也要努力，否則很難保持幸福美滿的生活。

◎牡羊座男性↑↓獅子座女性

熱情的二個人能在多彩多姿的生活中抓住最高的幸福。

牡羊座的男性和獅子座的女性約會時，身邊要帶一筆錢，沒有在豪華，一流的場所約會，二人都會感到沒有意思。

結婚的話，女性首先考慮的是「不能老化」，所以她很熱中化粧。結婚紀念日、誕生日都要交換禮物，很注意日常生活的娛樂。因此男性的收入少的話，就有陷入冷戰或冷落關係的危險。

牡羊座與獅子座的性生活，是瞬間燒燃的瞬發型。假如牡羊座的男性早洩，不能使妻子達到高潮，就會造成欲求不滿的後果。

雖然獅子是百獸之王，但對方是羊的話，順從的也是女性，假如單一方面操主動權的話，雙方就不能配合得愉快。行爲之前，可以不要接受妻子的愛撫，而注意持續的功夫。

◉牡羊座男性↑↓處女座女性

這個組合有心不能相通之虞。因爲牡羊座的男性認爲「女人順從男人就好」，而注意細節的處女座女性就有好心沒好報的感慨。

有很深的「執念」。

「今天什麼時候回來？」「手帕帶了嗎？」「領帶歪了呢」，對妻子這些話，牡羊座的丈夫會感到囉嗦而厭倦，對事情工作非常熱心的牡羊座男人會反而對妻子的照顧感到厭煩。

對注重生活設計的妻子來講，看到丈夫的衣服鞋子亂放亂擺，當然興起收拾，照顧的念頭了。

對丈夫來講，妻子在性生活方面的羞澀，有如處女般的矜持，對他是一種魅力，但希望被溫柔愛撫的妻子來說，丈夫毫無掩飾的粗野行爲是太野了一點。

爲了婚姻生活的美滿，妻子要儘量保持沈默，不要追根究底，給他嫌囉嗦，隨他高興去做卽可。

○牡羊座男性←→天秤座女性

假如是同性的話就稍爲不好，而異性的話可說是很配合的性相。

在男性星座中最男性的牡羊座與具備女性的武器於一身的

牡羊座的男性對蠍座的女性

天秤座，這組合可說是很有魅力。

不管對方如何熱愛自己，天秤座的女性絕對不主動表示感情，一任牡羊座的熱烈追求。約會時女方都聽從男方的意見，而牡羊座的星性對女方順從自己的態度，也會感到滿意而興起責任感。

這種傾向在性生活方面也很顯著。牡羊座的爲所欲爲的方式和粗野的態度，反而給有被虐待傾向的天秤座以刺激，她可適應丈夫的任何體位的要求。

而妻子的這種態度也刺激了牡羊座性虐待的嗜好，二人的性生活是非常快樂的，這可說是性方面最好的配合。但在精神方面，因男性暴君性的舉止可能會發生很多裂痕，這點需要注意。

●牡羊座男性↑↓蠍座女性

陽性的强者和陰性的强者碰在一起，其反叛心也更强，稍微有一點語言上的不合就起爭吵，哪一方的鬪爭性都很强，誰都不肯先向誰低頭。

相互之間無密切的配合，男的不是熱中事業，就是在外沾花惹草，而蠍座的女性執念特深，對男的抱著深深的怨恨。

這二人如果結婚，家庭就要變成夫妻吵架的場所了。二人都不擅長講話時，男的使用腕力，女的用沈默戰術，家庭充滿陰森的空氣。

性生活上似乎也避免不了會不一致。有很深的感情和欲求的妻子要求熱烈的愛撫，但牡羊座的丈夫欲望是單調的、突發的，他認爲前戲和後戲浪費時間。這是根本上的感性差異，追求調和大概有點困難吧。

二人感情不睦最大的原因在於牡羊座的不解風趣，蠍座的嫉妬心强，這一點需要注意。

◎牡羊座男性↑↓射手座女性

卽使相遇也默然，但相互之間有默契的組合。

射手座的女性對牡羊座男性熱心事業有好感，對男性的生活意義有共同感。

結婚也能順利。射手座的女性成爲妻子時，能兼顧事業與家庭。但對家事並不太熱心，房子的清掃和整理稍不在意。這一點，因爲牡羊座的丈夫沒有神經質，大概不致於發生吵架或冷戰的事態。

擔心的是兩人都不能節儉儲蓄。性生活是自由奔放的。對於突發的丈夫的要求，妻子是隨時隨地大膽的應付，富有變化、技巧的射手座妻子可補足丈夫的缺乏技巧。

兩者都是火性的，故瞬間燃燒，沒有水性星座的浪漫、拖延的情緒，是開放的一對組合，女性稍有浪蕩的一面。而在家庭或工作場所二人都是很好的配對。

●牡羊座男性↑↓山羊座女性

這一對組合需要相當的努力和瞭解才行。

對山羊座的女性來說，牡羊座的獨斷是很難令人忍受的，而且對牡羊座的男性來說，山羊座的陰險的强烈令他難有好感。

而物質和生活沒有保持均衡時，對尋求安定的山羊座的女性來說是一種威脅。牡羊座爲了追求目的不顧其他的態度令她感到不安全，覺得他自私和獨善其身。

即使二人結婚了，隨著互相間的瞭解可能會產生不和的現象。

性生活方面會有明顯的不調合。强暴似的男人的熱情，對不能衝動燃燒的山羊座女性來講是太唐突了。雖然是她的男人非常熱情，但她不能配合，有時候會有一些氣氛出現，但也會被男人的不知「氣氛」的唐突所沖淡，終於弄得非常掃興。

○牡羊座男性↑↓水瓶座女性

對冷靜又富知性的水瓶座女性來說，獨立獨行，對事業和目的非常熱心的牡羊座男性可說是近於自己的理想吧。而對牡羊座的男性來說，水瓶座的細膩的思考力可補足他的輕率，他可能聽從這種星座的女性意見。

結婚後會變成活動性的丈夫和冷靜思考的妻子。丈夫滿意於家庭，無後顧之憂，可專心從事工作，又對妻子的博識大表敬意，誠心接受妻子的忠告。兩人在職業上也是很好的協力者。但從經濟上來看，兩人也沒有蓄儲的精神。

性生活方面沒什麼特別，可說是普普通通。自己有快感也自認為對方也有快感的丈夫，水瓶座的妻子常能給他「自信」，絕不會說些諷刺話或是埋怨，時常給予鼓勵和讚美。技巧也是普通。性生活平淡。

能省用節約的建立家庭。

◉牡羊座男性←→魚座女性

性方面的性相很配合，但在「人生」這方面就有很多不一致。與其說是夫婦，不如說是情婦，兩者都是好戲遊性相。

初看起好像很好勝，其實本性很溫柔的魚座女性，對丈夫很照顧體貼，是適合於感情豐富的人，但魯直猛進的牡羊座男性就不領情了。

魚座的女性富有社會知識，對婚葬之事很熱心，常常要向丈夫要求「禮金」或「交際費」。牡羊座的男性會感到囉嗦，而且魚座的女性溫柔的一面之外還有突然轉變成歇斯底里似的雙重性格。

二人如果結婚，女性不可表露出歇斯底里的狀態，要做一個依賴、託付丈夫溫柔的妻子，而丈夫也不可使她的依賴落空，這樣才能渡過美好的婚姻生活。

雖然日常生活上有些感情的磨擦，但在晚上可由性行為使

同樣是牡牛座的男女，

其雲清霧散。雖然妻子有强烈的被虐傾向，但虐待傾向的丈夫也要戒愼，不可過分，以免發生反效果。

⊙牡牛座男性↑↓牡羊座女性

這一組合相知不深時會感覺很有趣，但相交時日一久就會產生很多小問題。

起初牡牛座的男性好像很老實可靠，交往一深，就會感覺他決斷緩慢，動作遲鈍，牡羊座的女性就顯得等不及，顯得很急躁了。

另一方面牡牛座的男性對於行動力和開放性的牡羊座女性，最初沒有什麼挑剔，日子一久就會認爲她「愛管閒事」。女性是否能不站在丈夫頭上，男性對牡羊座女性不客氣的態度是否能容忍，這些因素決定了分離與否。

夜生活方面大概女性上位，女的領導男的。但是女性假如要求太奔放的體位，可能導致丈夫的萎縮，次數和時間也要視對方的身體狀況而定。

○牡牛座男性↑↓牡牛座女性

對和自己有相同性相的異性有一種親近感，而無同性之間那種不好的性相出現。悠閒，保守的社交女性，不會和人競爭出風頭，兩者能發生共鳴。

而且男性對不會使自己感到困擾的牡牛座女性也抱有親近感，這一對雖不是令人注目的情侶，但能謹愼著實的保持正常安全的交際。

結婚生活亦堅實，能節約儲蓄。牡牛座的妻子會裝飾家庭，自己和孩子的衣服也自己踏縫織機來製作。味覺敏銳，料理手藝的，能滿足丈夫的口慾，性生活方面是有精力的，時間長的。

只是雙方嫉妬心强，因此有造成夫婦吵架的危險。尤其牡牛座的男性有喜歡比自己年長的女性之傾向，妻子要注意。而且雙方都是有話放在肚子裏的類型，所以有問題要提出來和對方商量，不能忍在肚子裏，反而使誤會加深，終致不可收拾的局面。

⊙牡牛座男性←→雙子座女性

「性格完全不同的兩個人會走在一起？」周圍的人會感到非常意外。

雙子座的女性喜歡大都會的繁華，談吐大方、開放，反而使男性閉口不言。而出現在時髦、華貴的女性面前的，大多是純樸，農村青年似的牡羊座男性。

在這種男性面前，女性會安心的託付出去，像銀幕出現的那種突然熱情地擁抱這位男性。當然，因爲相反的性格，離異的也不少。

這是美女和野獸似的組合，最初感到不自然的一定是女性這一方。「我這種才女爲什麼和這種魯男子………」這樣自憐後悔起來，而且有了這種想法時，這一對也就算完了。許多男人圍繞在貌美的她周圍，像這樣她的丈夫一定是痛苦的。

但假如能應付這種星座女性的多樣刺激，時常有體貼、奉獻的心時也能維持很好的關係。

○牡牛座男性←→蟹座女性

兩者都希望有名符其實的關係，這是很相配的組合。

愼重而和平的男性，加上誠實的家庭女性，兩者都有照顧家庭生活的性格，能互相協助組織一個平凡快樂的家庭。

蟹座的女性能爲牡牛座的男性做料理、編織一些毛線衣或佈置房屋，牡牛座的男性可能會被「寵壞」。

結婚的話男性的獨占欲就更强，想把妻子「鎖」在家中，而妻子也不會不滿，她反而爲丈夫强烈的愛情而感到高興。但也因此而造成閉鎖的家庭。

性生活非常平凡，丈夫雖有持久力，但不喜歡特別的態度和愛撫，妻子也不喜歡强烈的刺激，她喜歡情調，所以在床上要講些耳語，添加一些柔情密意。

總之，這是一對共苦的組合，而產生破綻是在生活富裕時，這要謹愼小心。

●牡牛座男性↑↓獅子座女性

推他、拉他也好像絲毫不動的男性，和喜歡花俏、打扮的女性碰在一起時，一定會有不愉快的事發生。

牡牛座的男性雖然外表看起來很柔和，可是事實上是很愼重和頑固的，獅子座的女性想領導做頭是不能順心如願的。因此男性這種態度，讓她看起做是「鈍重」。

另一方面，對牡牛座的男性來講，團體中的女王—獅子座的女性那種出風頭的樣子也不喜歡，他寧願注意那些矜持、謹愼，不太顯眼的女性。

這一對若結婚的話會時常產生矛盾，時常發生口角之爭。堅實、穩重和愼重的丈夫，和不惜浪費打扮化粧的妻子遲早總要不和的。

唯一的解決方法是妻子順從丈夫的生活，丈夫默認妻子的行爲言語，但兩者都是好强不認輸的性相，所以很難妥協。

◎牡牛座男性↑↓處女座女性

沈著和堅實的牡牛座男性，和不喜華麗的處女座女性是以目傳情的組合，兩人會說一些生活上的計劃，而不談那些不著邊際的夢話。

兩人會脚踏實地的努力邁向人生，結婚典禮避免虛華浪費，兩人性情都很純樸。能製造一個平凡而又著實的家庭生活。因爲喜歡妻子，丈夫也會幫忙打掃和種植花草，兩人都不喜浪費，所以儲蓄會一直增加，偶而丈夫也會在星期日做幾手料理，以討妻子的歡心。

夜晚的生活堪稱順利，二人都是年輕的心情，活潑而有趣，少年少女的情懷是這個組合的基調。

⊙牡牛座男性↑↓天秤座女性

這可以說是誰也不管誰的組合。

兩者並不想接近對方，分離了也沒什麼感慨的一對。

對喜好和友人聊異性問題的天秤座女性來說，沈默但不時

一種少年少女的情懷。

會有幽默感的牡牛座男性是不能不注意的對象，而對處理女性問題感到很棘手的牡牛座男性來說，喜歡賣弄風情的天秤座女性也是很令他注意的存在。

結婚的話雙方並沒有很大的期待，因此也沒有什麼很大的後悔。妻子的料理、服裝和髮型等感覺和丈夫的想法大體上一致，只是選擇的時候，他們支持的對象和思想很難謀求一致。性生活方面稍有一點不調和。丈夫要研究技巧，講些甜言蜜語，以增加閨房樂趣。

○牡牛座男性↑↓蠍座女性

大體上看起來這是好的性相。

牡牛座的男性喝一整個晚上也不會醉，打保齡球也不會喘氣，而其精力更是充沛，也不會說喪氣話，這對蠍座女性來說正是她理想中的人。

他是誠實的，女性假如不答應，他也不會要求婚前的性行

牡牛座的男性和處女座的女性保持

爲，而如果有了肉體關係，他就會負起責任。

問題是兩人的嫉妬都很深，而且是隱藏在心中不表露出來。尤其是蠍座的女性執念很深，他假如有一點「花邊」新聞，她一生也忘不了，而且想要「復仇」，可能會跟自己不喜歡的人私奔。

性生活次數極多，兩人也不會覺得疲憊，女性喜歡黑暗和狹窄的場所，而男性的欲望是突發性的，這種偶然興起的欲望也能成爲他們很大的歡娯。

◉牡牛座男性↑↓射手座女性

這是很難互相吸引的組合。

自由奔放、熱情、知性，而又夾雜著一些漫不經心的女性，和愼重，很用心仔細的男性是兩個不能妥協的大敵。

結婚後兩者的性格一經表露無餘時，就會發生一些問題，家中很雜亂，丈夫沒有心情呆在家裡。妻子掃地掃了一半，看書入迷忘了自己的工作，一出外就忘了家事的妻子，煮飯和孩子的瑣事可能有時候要由丈夫來代勞。

而丈夫的獨占欲也令妻子很苦惱，外出次數多一點就被懷疑有外遇，甚至禁止妻子出門。雙方要互相忍耐、瞭解，才能化解誤會。

對二人來說，性生活富有很大的意義，它可以消解二人在白天心裡所積的疑慮，大膽又熱情的妻子可以使丈夫忘記白天的煩悶，享受官能的火熱。

女性喜歡場所的變化，因此需要到原野、海濱或旅社等地方，以變化情調和氣氛。

◎牡牛座男性↑↓山羊座女性

兩者都是地性星座，天生要結成一種關係的。兩者互相間都有實際性和堅實性的共鳴。

二人假如成爲情侶，不會浪費，會在公園內散步，或者一同徒步去看電影，邊走邊情話綿綿。喜歡吃東西的牡牛座男性邀她去吃東西時，山羊座的女性可能都選那些便宜的。

萬事大概都是這種調子，結婚生活也很樸素，沒什麼特殊的地方。而妻子純眞的笑顏也使得家庭顯得開朗。只是要注意一點，不要太節儉，這樣反而會被認爲是吝嗇。

謹愼雖然很重要，交際也不能忽略，山羊座的女性希望丈夫早點出人頭地，所以關於如何使用金錢要有一點預算和計劃。

性生活可說是很平凡的標準。妻子注意研究製造氣氛，香水、化粧之類的東西會準備很完全，而更重要的是要知道如何使丈夫的官感燃燒起來。

●牡牛座男性↑↓水瓶座女性

從天球上的星座位置看來，這是很難融洽的一對。一個只對實際問題有興趣，另一個是追求理想的女性，兩者都很堅持自己的想法，一點也不肯讓步。

這兩個人假如互相去訪問對方的家庭，不但他們兩個人本身，連周圍的人也會感到不太愉快。

假如兩人能發揮所長，男性不要在意別人的反駁和惡意，以笑臉相迎，而女性能表現出冷靜和友好的態度，氣氛就會比較溫和、輕鬆了。

但是一旦有了關係就很難分開，這可說是孽緣。喜歡談話的妻子對著不想講話的丈夫，這場面有多難過呀。丈夫認爲不說話也能互通心聲，他想休息一下，而妻子偏偏要跟他理論。結果是互不得安寧。主要的是雙方要能寬大的理解對方的缺點。

性生活方面，精力的、自我本位的丈夫和缺少感情的妻子，假如丈夫不能得到妻子的順服，則肉體和心靈上的溝通是有困難的。

○牡牛座男性↑↓魚座女性

這是可以互相補償、和睦相處的一對。

上班時間偶而會觀望蒼穹，眺望原野的魚座女性，和認眞在辦公、處理工作的牡羊座男性，兩者好像是不同世界的人一樣，但二人共通的善意會在彼此無意撞在一起的四隻眼睛當中領會出來。

男性適合於當大廚師、園藝家、設計家，而魚座的女性有先天性的詩的直觀力，對丈夫的工作能有效的建議。

但牡牛座的男性結婚後，有不准妻子和其他男人交往的强烈獨占欲，因此有可能產生厤煩。妻子喜歡談些電影明星的傳言，而丈夫總好像欠缺餘裕和幽默感。

性生活方面丈夫可隨意刺激，妻子能配合，而妻子也能將這些虐待的痛苦轉變成快感。

○雙子座男性↑↓牡羊座女性

隨時都保持著純眞的感情，維持良好的關係。

腦筋反應快，隨時都保持年輕感的雙子座男性，一定要富有機智和感覺的女性和他配合，這一點正是牡羊座的女性所具備的。

結婚後女性可把家事處理得井然有序，且動作厤利快速的妻子，爲了丈夫的昇遷，她也不會

假戲真做時就難分難捨。

忘記跟上司打交道。對他人和自己都不能馬虎，是非常嚴格的賢妻良母型女性。

牡羊座的女性白天和夜晚的生活完全不同，賢妻良母型會變成富有野性，要求丈夫熱愛的女性。丈夫可能會精神緊張而失去「自信」，但熟悉應用技巧卽能應付自如。

⊙雙子座男性↑↓牡牛座女性

兩人雖然沒有什麼共鳴和强大的吸引力，但中間假如有一個好的介紹人也能發展良好的關係。這個介紹人雖然是多嘴多舌，但兩人關係的鑰匙就握在他手裡。

最初，兩者互相都沒有注意到對方，不久男性卽刻意表現自己的魅力，但肉體上並無太大的魅力，故專門用言語來吸引對方的注意，假如女性不知不覺間被這些話束縛住了，兩人就能成爲夫唱婦隨的和睦關係。

結婚時丈夫可以對善理家事的妻子感到放心，而在外胡作

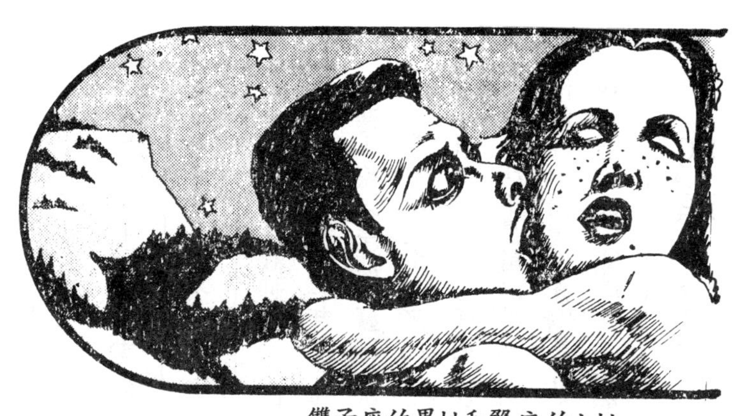
雙子座的男性和蟹座的女性

非爲，這樣一來激起妻子的嫉妒心，妻子的猜疑心强烈的話，丈夫的「玩火」卽可能發展成離婚的危險，這一點要特別注意。

而妻子的性生活是精力型的，但缺乏感受性，丈夫想用敏銳的感覺來得到陶醉，多少是會不一致而失望的。

⦿雙子座男性←→雙子座女性

這一對組合，在雙眼視線交接的瞬間，卽能發現彼此的吸引力，是敏感的，遇見了就話題滿天飛。

但是口舌伶俐還不行，更有必要成爲良好的聽者，因爲彼此都希望對方瞭解自己的內心。

結婚的話可以成爲夫唱婦隨的一對，但因爲新婚的歡娛還未覺醒，丈夫常常會返回獨身時代那種爲所欲爲的生活，沾花惹草的念頭出現。而妻子感覺婚姻生活的失去色彩，也會厭倦於單調的主婦生活。又因爲沒有人願意聽她講些誇張的話，她可能就到處串門子，贏得「長舌婦」的「美名」。對職業或家庭生活感到厭倦時，可能會想起以前的男朋友種種趣事，因此彼此雙方都要注意，儘量使生活充滿色彩，避免單調。

性生活方面因雙方都是製造氣氛的能手，能享受深度的官能歡娛。

◉雙子座男性↑↓蟹座女性

這是受女性歡迎的雙子座和帶有陽氣性格的蟹座，剛開始彼此都帶有一點好奇心，結果時日一久就不得不走在一起了，因爲不是一見鍾情，所以結婚後不會突然興起厭倦之感。

進入家庭生活的蟹座女性，大都能獻身於丈夫，譬如瑣碎的雜事，如丈夫的西裝、領帶的選擇等，全部都由自己來照料。丈夫起初覺得很「珍貴」，下班後會馬上回到妻子身邊，但妻子的精神一旦忙於照顧孩子時，丈夫就可能生出「花心」，這也是使妻子變成歇斯底里的原因。

性生活不是躭溺型的，但亦能配合良好。女性雖然意欲旺盛，但有時候也會疲倦，這一點和男性相同。而男性想嚐識開發對方和自己的性感地帶，充滿情感的女性和熱心於研究性感的男性，在對這方面的關心是一致的。

○雙子座男性↑↓獅子座女性

在女性團體中時常以女王似的存在出現的獅子座，正是好談女人話題的雙子座男性的趣味所在。善解女性心理的雙子座能滿足這種獅子座女性的心理。

華麗而又富羅曼蒂克的女性和善於製造氣氛的男性約會，常常是令周遭的人羨慕又嫉妒的對象。

而進入家庭的獅子座女性不會把生活的不快和疲倦帶入寢室，專心的為丈夫製造氣氛。而因為滿足於這種好妻子，丈夫敏銳又纖細的感覺偶爾會興起沾花惹草的念頭，或是想逃出家庭。

妻子可能一時被丈夫的花言巧語蒙蔽，一旦抓住丈夫的狐狸尾巴，其爆發出來的憤怒是不可想像的猛烈。雙方都要注意自己的「花心」。

性生活方面雙方都能享受技巧的樂趣，故能體驗各種體位。追求感覺的雙子座來講，獅子座女性雖然熱情又勇猛，但稍嫌平淡。

●雙子座男性↑↓處女座女性

雙子座機敏又富活動力，處女座嚴肅正經又小氣，雙子座是易暴躁的才子型，而處女座是注意小節的細謹型，這樣的兩種人剛開始交往時彼此的神經都很緊張，約會的時候也不能輕鬆。

假如結婚時，兩人看起來很相似，但本質完全不同，故難和諧相處。妻子精緻細膩的神經很

什麼就是很吸引雙子座男性。

容易挑剔丈夫巧辯、敏捷的行動中所隱藏的輕薄、謊言，所以也很容易受到傷害。

丈夫整天都看妻子那種正經的臉，而妻子對小事情的敏感而容易興起猜疑心，結果雙方逐漸產生厭倦感。

日常生活的不調和也帶給夜生活不好的影響，妻子的害羞性和謹慎，總令丈夫感覺是對方在拒絕自己的要求。因此妻子要完全相信丈夫，避免不必要的批評，這樣或許才能順利吧！而且，做丈夫的在外呼吸自由的空氣，同時也要對在家庭中不得休息放鬆的妻子保持程度的關心才行，這樣這一組合的性相才不會走入絕境。

◎雙子座男性↑↓天秤座女性

兩者相會的那一瞬間即能感到非常的吸引力，這是非常好的性相。

雙方都是充滿知性的星座，天秤座的女性不管如何喜歡對

天秤座的女性，不知為

方，也會保持應有的謹慎，能和追求她的人保持良好的關係，而不失其高貴的態度，又能保持某種距離。

對天秤座這種個性，雙子座的善辯卻能巧妙的接近。天秤座對於雙子座也莫名其妙的興起好感，而終於超越了她想保持的距離，這可說是星座之間神秘的力量吧。但由於他人的嫉妒，可能會發生誤解或破滅，這一點要注意。

結婚的話兩人都很切實，很熱心於創造一個明朗快樂的家庭。使生活美滿更甚於儲蓄，而且妻子的善於交際也能使丈夫感到滿意，一方面也會感到嫉妒，但也因此而使得兩人更加的相愛。

性的性相也非常相配，雙方都有製造氣氛的能力，妻子能進入丈夫的感覺的官能世界，對丈夫的任何要求都能應付，甚至也不會厭倦於擺出大膽的姿勢。

⊙雙子座男性←→蠍座女性

這是很普通的組合。

在相親的時候男性大發高論，而女的端坐無言。由於媒人或父母的撮合，成為夫婦的例子也很多，雖沒有熱烈的戀愛，但離婚的例子也很少。

問題是男性不是呆在家庭哪一型的人，很容易見異思遷，妻子又不死心，會馬上跟他起衝突，追究他在外面的女人，放縱意志薄弱的他是最危險的。

而蠍座的女性性感度很敏銳，男性可以嚐試到各種技巧的歡愉，這是性的一致補償了性格上不一致的一組類型。

⊙雙子座男性↑↓射手座女性

在同性的話這是兇的性相，但在異性就變成吉兇參半的性相了。

男的能言善道，注重友情，而女的講話稍嫌生硬不和氣；無懈可擊的才子型男性和稍微粗心大意的女性；男的善於交際的社會人，女的是愛哲學和旅行，在群衆中也孤獨的女學者型人物，這樣的兩個人起初感覺到彼此有相同的「體臭」，等接近交往，瞭解到彼此差異的部份時可能會仳離。

這樣完全相反性質的兩個人也許會因發現彼此的魅力而結合，而結婚後也各自追求自己的興趣，也尊重對方，互相保持自由和立場，約束自己，因此也不會發生什麼問題。

性方面亦能一致，精力的妻子能應付虐待似的丈夫各種要求。但兩人都是見異思遷的性格，這一點要注意，不過也有把對方的缺點認做是優點而過得非常順利的，不過，這個配對的離婚率是不低的。

◉雙子座男性↑↓山羊座女性

假如不特別努力的話，這兩人不能維持長久，因為兩者完全沒有吸引的要素。男性有敏銳的感受性，對什麼事都感興趣，而且為了出人頭地，會以迅速果敢的判斷轉變職業。

而山羊座的女性反而認為這種男人輕薄膚淺。而男性也會發現這種愼重的女性有些陰險。但假如發現彼此的共通點，瞭解彼此的缺點，或許能合得來。例如法國哲學家沙特和女作家波荷華訂婚二年之後結婚，一直到現在七十歲了依然彼此有深厚的愛情，這大概是對存在主義的思想發生共鳴吧！

性方面較有不感症氣味的山羊座女性需要充份的前戲，而雙子座男性全身都是官能的感覺精神，假若男的能耐心的製造氣氛，順便在她耳邊囈些情話，倒是可以魚水盡歡的。

◎雙子座男性↑↓水瓶座女性

這是非常好的性相。能言善道，優雅，頭腦反應快，稍嫌急躁但富有現代性的男人，對於知性的理想者，富有獨創性思維的女性來說，是能很快達到情投意合的境界，兩人一有時間就談論文學、藝術、人生等問題，而逐漸互吐心聲結成好友。

不久兩人之間就產生愛苗。而對稍有「花心」的男性，水瓶座的女性能用寬大的心來對待他，結果男人尋求休憩似的回到她的身邊。

結婚的話兩人能互相協助，使家庭籠罩在高度的文化氣氛中，不會刻意儲蓄，而能享受較好的生活，有剩餘的錢不會拿去銀行，而是相偕去看電影，或是到咖啡廳坐坐，回味一下情人時代的樂趣。

性生活是穩當和調和，不但能達到滿足的境界，而且時間不太短，像小提琴和豎琴的合奏，優雅又纖細的進行長時間的

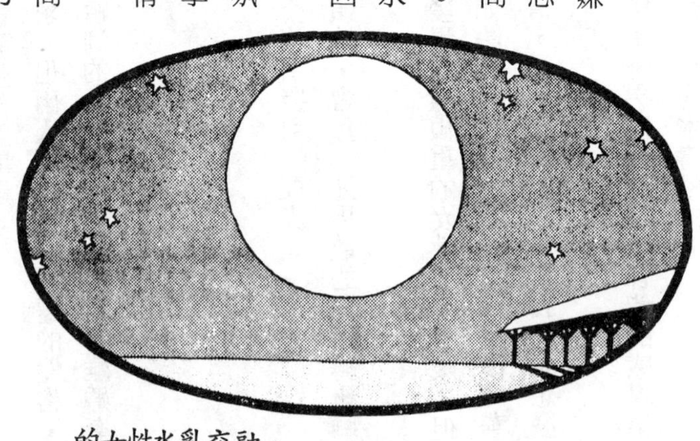

的女性水乳交融。

歡愉。

●雙子座男性←→魚座女性

雙方沒有共同的性質，對事情和人物也都沒有堅實的愛意和執著心。

雖然是才子型的，但遇到瑣碎的事就迷失的雙子座，和追求夢幻，而遇到事情就因緊張而產生歇斯底里症狀的魚座，兩者之間很難互相信賴，不信的念頭很强。

兩人結婚，丈夫對妻子，妻子對丈夫都沒有信賴感，因而使得內心動搖起來，而傾向於其他的異性。

這個組合的夜生活稍能保持一點協調，但虐待傾向的丈夫和被虐傾向的妻子之間，白天生活的不協調可因夜生活而得到一些諒解，但也有提高「病情」的可能性。

雖然是不好的性相，但只要丈夫不懷疑妻子，深愛著妻子，而做妻子的能眞誠的獻身，發揮女性愛，則生活也能過得非

雙子座的男性和水瓶座

常順利。

●蟹座男性↑↓牡羊座女性

水性星座的蟹座和火性星座的牡羊座之間互相不能相容的地方稍嫌多一點。

蟹座的男性是平民似的和靄，注重家族或家庭，假日也喜歡工作，能以自己的趣味爲樂，是很善良的性格，而牡羊座的女性富進取性，好勝心强，頑固，而對蟹座那種利己的小市民根性沒有好感。

這兩人結婚的話，丈夫對妻子的過份熱情感到不快，而另一方面妻子也對丈夫那種家庭主義，沒有半點野心而感到不滿，認爲是缺少男人的氣概，因此稍有一些小事就起爭吵。

但是如果能互相不攻擊對方的缺點，承認對方的優點，也很有順利發展的可能性。兩人尋求一種共同的興趣不失爲一種方法。

性生活方面女方是積極、熱情的，而男性稍嫌平淡。因此女性會有不過癮的感覺，精力不足要用技巧來彌補。

○蟹座男性↑↓牡牛座女性

雖然平凡，但是很堅實的組合。

注重家庭溫暖的蟹座男性，對牡牛座女性的寬大和悠閒的性格有好感，而女方也對平易可親的男人的溫柔體貼發生好印象。

蟹座的男性喜好遊蕩，但算盤打得很精，絕不肯自掏腰包，大都是利用公司名義，或是跟上級、朋友一齊出去，結婚後也很少向妻子要零用錢，而且也不會對酒吧女故示大方，嫉妬心特强的妻子大可放心了。

假日或星期天，丈夫在家整理環境，妻子做料理，或裝飾房子，兩人同心協力創造幸福的家庭。

而二人的性生活很平凡，只是正常體位，習慣性的反覆而已，有時候牡牛座的妻子想要求一些刺激和愛，她可能會失望。

◉蟹座男性↑↓雙子座女性

兩者沒有共通點，因此兩者之間的愛情充滿困難。

看到女性都認爲是「母親」的伊底帕斯情結的蟹座，遇到富有「母性」的雙子座女性，不管她是否結婚了，都想追求到手，甚至放棄自己的社會地位名譽等，只想與她廝守。溫莎公爵放棄王位和離婚的美國的辛浦遜夫人一見鐘情而結婚就是最好的例子。

蟹座注重情緒溫雅和人情味，而雙子座喜歡講理，所以結婚後可能會發生問題。雙子座的女性都想以理智來處理事情，最好能退後一步，體諒男方的情感主義，才能創造幸福的人生。

蟹座的男性較平凡，很少前戲，而妻子在行房中也很理性、冷靜，她心裡想著：「頭髮亂了話非去美容院不可。」所以雙方要放縱自己，不必拘束，才能感到新鮮。

○蟹座男性←→蟹座女性

這個組合與其說是男女關係，不如說是友情的調和關係較為妥當。

兩者都是家庭主義者，都是富有平民性的人情味者。雙方雖沒有熱烈的吸引力，但交往一深，友情即可能變成愛情。

這個組合適合於戀愛或結婚以外的人際關係，譬如社長和女秘書，演奏者和伴奏者，主持人和助手等，兩人下班後順便到冰果室、咖啡廳坐坐亦可增加親愛感。

結婚之初大概無很深的契合，大都是以趣味或子女的教育來互通心聲，年輕時好像老夫婦，而老夫婦時又像新婚那麼甜蜜。兩人都是感情先於理性，而且都傾向於同調的人，故有陷入「排他」的危險。

夜生活可說是白天生活的延長、平淡、都是以生殖行爲來處理「性」的問題。氾濫的性愛雜誌對兩者也不會有什麼刺激。

◉蟹座男性↑↓獅子座女性

這並不是很好的性相，沒有共通點和很大的共鳴。假如沒有第三者或共通的利害關係可能不會結合。

戀愛感情也很難產生，而結婚大都是相親或是由他人的介紹而結合的。但結了婚，蟹座的男性重視家庭，能成爲保護愛人而不顧犧牲的丈夫，丈夫比妻子更關心孩子。

相反的，獅子座的女性忘不了新婚的快樂，生活大都以丈夫爲中心，會把孩子放在娘家，而與丈夫出去遊玩。

性生活方面丈夫較平淡，大都以生殖爲本位，而熱情的妻子認爲性行爲該是男性的奉獻，她可能要感到一些失望。

○蟹座男性↑↓處女座女性

尊重女性，愛護女性的蟹座，和好壞方面都像女性的處女座，這一組合的性相並不壞。

嘴裡不言而心裡深藏著愛意。

蟹座男性有很強的「愛社精神」，對自己所屬方面的女職員從不忘記庇護，因此，假如他的管轄下有未婚或已婚的女性，都會互相吸引，有發展更進一步關係的可能。兩人都未婚當然很好，假使男的已經是爲人丈夫了，女性就要害單相思了，男的也一樣。但男性很注重家庭，不可能捨棄妻子，所以這種上司與女職員之間感情事就要走上絕路了。

假如幸運地結婚的話，處女座女性愛好清潔，又很正經，能把家把持得很好，而不喜浪蕩的丈夫把家當成唯一的休憩場所，不但能積蓄，亦能結交一些左鄰右舍的朋友，而婚喪收授之人情義理也能兼顧。

性方面的性相也配合，但雙方都是一鼓作氣的，有時平淡，有時也能魚水交歡。

●蟹座男性←→天秤座女性

富有庶民性，好出主意的蟹座男性喜歡各種社會活動，而

蟹座男性和蠍座女性，

這種男性和好的藝術、瞑想的寧靜世界的天秤座女性是稍有差異的，假若雙方都被對方正相反的特質吸引著而結婚的話，早晚可能會生出問題吧！

想獨裁的丈夫，和不服從別人的支配的妻子之間，想要求得協調是相當困難的，而這種不調和也會影響夜晚的生活。

不喜愛技巧，也缺乏精力的蟹座，對平凡的行爲卽能滿足，而講求官能欲求的天秤座妻子，對這種單純的性生活是不會滿意的，這是仳離的一個原因。

蟹座的丈夫對自己的族人或有關係的人較偏心，而天秤座的妻子是公平的一視同仁，因此這二人結婚生活之中要互相努力去瞭解對方才行。

◎蟹座男性↑↓蠍座女性

這是不管對方的條件如何都會互相吸引的「宿命的」一對配合。

雖然兩人口中不言說，內心卻決定非卿不嫁，非卿不娶。假若雙方能確認到對方的可靠性，二人的愛情卽能迅速的發展。

兩人結婚的話能創造一個充滿和氣的家庭，任何事情都以家庭爲中心，妻子不會埋怨丈夫的薪水和地位，能獻身於家庭，丈夫和孩子身上。但是爲了避免過份安靜和平淡，丈夫偶爾要帶妻子出去玩玩。不過兩人眞正感到快樂的是假日丈夫在家整理環境，而妻子和孩子依偎在一起享受天倫之樂的時候。

而性方面並不能保證是調和的，技術單純的蟹座丈夫能不能給充滿精力的蠍座妻子滿意，這還是一個疑問。

●蟹座男性↑↓射手座女性

蟹座屬水，射手座屬火，互相只有反感，而無吸引。

兩人如果結婚的話，希望娶到溫柔體貼的太太之蟹座對射手座妻子的不夠親切八成要失望。而另一方對射手座妻子來講，蟹座丈夫易變的性情也是令人不敢恭維。

而且射手座的妻子等孩子能自由行動之後，都想到外面去工作，不希望呆在家裡，而對孩子的教育非常熱心的丈夫可能就會不高興了，這是兩者本質上的差異，很難說服的。

性生活方面妻子是精力型的，奔放的，而精力稍差的丈夫就顯得單調一點，假如不求變化，日子一久妻子可能要不滿了。

○蟹座男性↑↓山羊座女性

這兩者可以互相補足對方的缺陷，是好的性相。

蟹座的男性遇到任何人都能融洽，甚至介紹自己和愛人，而誇張自己的女朋友也不會臉紅。而山羊座的女性對初次見面的人比較不能融洽，要對方主動才行。他信任她的溫柔，而她信任他的誠實。

但困擾的是男性的爲所欲爲，早上假如慢起床就不想上班了，而且也會漫無目的出外旅行，而討厭生活步調混亂的妻子就對丈夫有怨言。

夜生活是完全駕駛型的，很有控制力，男性雖嫌技巧不夠，笨拙不靈活，但妻子皆能謹愼領受，亦能感到波浪似的快感。

◉蟹座男性↑↓水瓶座女性

這個組合稍微有點不協調之感。

蟹座對環境的順應性很强，而水瓶座的獨創性很高，想求變化發展，因此兩者的生活領域是有些差異的。一個是對人友善的感情型，一個是富有知性又乖僻的女性，這兩者彼此不能協調也是理所當然的。

結婚的話，兩人會因對日常生活的不注意而發生裂痕。脾氣不定的丈夫見妻子飯後不收拾而去看報紙的行爲會大感不悅，而在吃飯中丈夫忽然興起，用筷子敲打飯桌，或搔頭的動作也會使妻子感到厭惡。假如雙方不能統一彼此的生活方式是不能順利的。

性生活方面倒顯得很協調，這可能是星座不可思議的力量吧！他們將床視爲白天生活的精神疲勞的休憩場所，習慣的、平淡的、有規則的從事性生活。

◎蟹座男性↑↓魚座女性

兩者都屬於水性星座，是很好的性相。

中心，可能會忽略對方。

溫柔、情感豐富的魚座女性，和纖弱情緒的蟹座男性，雖相對無言卻有默契，很快兩人卽會發展出和睦的愛情關係。

結婚後，家庭主義的丈夫，和能獻身家庭的妻子會互相合作創造美滿溫暖的家庭，丈夫對社會有順應力，而妻子又通曉世情，兩者能以孩子爲中心，過著平穩的、善良的小市民的生活。

二人的性生活是充滿感情的美的調和，不只是動物性的行爲，能擴展到纖細的藝術的境界，達到靈魂的波動的境地，互相給對方滿足。

但有了孩子之後，丈夫就無暇關心妻子，反而全心注意孩子的教育，而和熱心於孩子的教育的魚座妻子起爭執，這時候就要互相諒解、商量，以取得協調。

◎獅子座男性↑↓牡羊座女性

兩者皆是火性星座，不必需經過第三者的拉攏卽能如磁鐵

蟹座丈夫和魚座妻子都以孩子為

的互相吸引。

牡羊座的女性對堂堂之風的獅子座有不可言傳的憧憬，而獅子座男性對賢明、進取的牡羊座女性也感到非常的魅力。

獅子座能儘量的表現自己的好意，以示對女性的愛的告白，他會傾盡錢包，把女性帶到豪華的約會場所，大膽的表示愛意，在別人面前也不諱言，勇敢的褒獎稱讚牡羊座的女性，這種王者的風度很能得到牡羊座女性的好感。

結婚後可成爲頑固又有能力的丈夫，和善理家事的賢妻。但雙方都有點好强，不肯服輸，所以有發生爭吵的可能，雙方要互相收斂，不可過份。

而這一組合的性生活非常調和，熱情與熱情的結合，是難分難捨的「打鬪」，而男性有短暫燒燃淨盡的缺點，儘量注意延張時間，鍛練持久力。

●獅子座男性↑↓牡牛座女性

這是稍爲有點厤煩的組合。

獅子座的頑固和牡牛座看似溫柔卻又好勝的固執，可說是正面的衝突對立。

起初雙方可能感到彼此有共同點而接近，但交往旣久卽增嫌惡之感。

結婚之後假如有所爭吵，妻子大都採不說話的戰術，而丈夫氣盛亦有可能動武。一旦激怒過去，丈夫氣也消了，而妻子一直忍受著，結果好像妻子這一邊比較有理，這時候妻子不可以爲自己勝利了。即使阿諛奉承丈夫，實質上對自己是比較有利的。

性生活方面，熱情的獅子座喜歡看對方興奮的表現，而牡牛座的女性在這方面就比較不行，不過對方的技巧，說些誇張阿諛的話卻有助於氣氛的提高。

○獅子座男性←→雙子座女性

雙方能互相補足缺點，這是好的性相。

稍微容易感到孤獨，褒獎他一、兩句他就非常高興的獅子座男性，對善觀人相的雙子座女性來說是逃不出她手中的，而神經容易感到疲倦的雙子座，在獅子座男性的眼中，也是能讓他安心和得到休憩的對象。

約會的時候都是獅子座男性硬拖著女性走的。照著自己所想而堂堂行動的獅子座對雙子座來說是好的。因爲雙子座的女性可以不必再打擾過敏的神經，也不必再三心兩意的左思右想，就跟著他去，由他出主意就行了。

而結婚後男性容易變成獨斷的一家之主，而自己將毫不覺得以自我爲中心，而妻子也不故作表現以求丈夫的注意。

而夜生活方面丈夫似獅子般的奮勇，妻子能感到被虐的快感，但丈夫有時粗暴的行動反而使得妻子退縮。

◉獅子座男性↔蟹座女性

這是很難和諧的組合。

蟹座盼望體貼的男性和家庭式的男性，而獅子座的男性顯得有點霸道，另一方面容易墮入歇斯底里情緒的蟹座，又使得獅子座產生不出什麼好印象。

因此，兩人如果想結合時，雙方都不能意識到「情侶」或是特別親蜜的異性，要極爲自然的接近交往才行。

結婚的話，妻子發揮她的順應性，容納丈夫的頑固和獨斷獨行，而丈夫把家全交給妻子處理，如此或能順利。但以孩子爲優先的妻子把丈夫放下不顧可能觸怒丈夫，因爲丈夫認爲孩子只是從屬的身分罷了。

是獅子吼的大合唱。

性生活方面亦無善可陳，因爲蟹座的女性動物性的不强，而獅子座的男性行爲有似野獸般的粗野，這樣反而使得女方失去興趣。對喜歡孩子的蟹座，要以生孩子的「大義名分」來進行那種行爲她才會進入狀況。

○獅子座男性←→獅子座女性

假如雙方都是男性的話就不好，如果是異性的話是不錯的性相。

國王與皇后似的氣氛給周圍的人以無限的羨慕。而兩人的關係也無隱藏的必要，而進展到熱戀的階段時兩者的靈魂是相通的。

男性這一方就是借錢也要買禮物或到豪華的場所約會，而且也不羞於表現出戲劇性的、大膽的愛的告白。而女性也以威嚴愼重的態度，以對等的立場接受。

結婚生活大概是豪華的，因爲雙方都是注重外表的，不會

獅子座的男女都很熱情，

吝惜金錢，也因此金錢在上半個月很好花，在下半個月就要省吃儉用，刻苦耐勞了。

性生活方面也很調和，兩者都是獅子型的熱情，兩人在高潮時是獅子吼的大合唱，所以孩子如果在附近睡覺時就要小聲一點了。

●獅子座男性↑↓處女座女性

兩者本質上都不是相配的性相。

獅子座的誇大使得正經的處女座女性不安，而神經質的處女座，對開放的獅子座來說也是非常困擾。兩人如果要結合，需有共同的利害關係或目的，或是第三者的舖路才行。

獅子座大都以自我爲本位，很少考慮到別人，結婚後回家也無固定時間，而神經質又細心的處女座妻子非常固守時間和約定，而且需要丈夫的支持，但獅子座的丈夫會說：「男人在外工作，家事妳包辦。」還有，孩子和親戚、鄰居的瑣事也會使得處女座妻子的神經高漲。

爲了防止這些事情，丈夫要約束自己遵守時間和約定，生日的禮物不可忽視，偶爾帶妻子出去看電影也好。這樣妻子也就不會挑剔丈夫的缺點了。

夜生活方面妻子的精力稍嫌不足，因爲處女座的羞恥感很難抹去，使得獅子座丈夫有不滿足的感覺。體力的不足假如不以技巧和氣氛來補足，丈夫的英雄氣概卽有煙消雲散的危險。

○獅子座男性↑↓天秤座女性

獅子座的勇敢開放性格，和天秤座不知激烈爲何物的氣性正好是互相尋求接近的。

自己喜歡的事物非由自己親自動手做不行的獅子座顯得有點頑固霸道，但一方面他又有孩子性的羞恥心，雖然喜歡對方的身體，也不敢開口，而他約會時都選擇最豪華的餐廳、高級的酒廊等大概也是這個原因吧。他雖然不顧對象的興趣好惡，但殷勤的態度很吸引天秤座的女性。被動的天秤座對主動的獅子座是更加輭弱的。

而結婚後，好遊玩的丈夫和愛漂亮的妻子很容易發生家計問題，雖然相愛也會爲經濟問題鬧得不愉快，甚至步上離婚的路途。

性生活的性相很平常，平衡的天秤座女性在性行爲時希望能解除「平衡」的緊張，雖然她口裡不說，但她是希望被熱烈征服的。而獅子座的男性在激情之餘亦有早洩的傾向。

這不是好的性相。

●獅子座男性↑↓蠍座女性

開放又「陽性」的獅子座會覺得蠍座的女性太「陰」，多疑心很重。另一方面，愼重又內省性格的蠍座認爲獅子座只會裝飾外表，自私頑固。

結婚之後，丈夫的霸道，妻子的好勝不服輸，很容易發生爭吵。專制的暴君對冷默凶悍似的女鬼正是棋逢敵手。不過雙方都是定著性很强的，一旦認識交往之後就很難分開，假如能改變先天上的缺點，也可能做一百八十度的轉變。

性生活方面，帶有强烈欲望的蠍座女性，和熱情但持續力短的獅子座男性，能有什麼程度的滿足呢？男性要像獅子捕獲獵物時先玩弄一番，再做致命的一擊，充分的前戲，可以補足持久力的不足，這是和合滿足的秘訣。

◎獅子座男性↑↓射手座女性

兩者都是火性星座，因爲一些芝痲小事而認識的話卽能迅速的相互吸引。

射手座的女性喜好事業，注重自己的目標，集中全力以赴，因而對努力工作的男性有好感，尤其對獅子座男性的勇氣更爲傾心。

這個組合的夫婦，假如能彼此理解對方之事，夫婦共同賺錢也未嘗不可。而妻子不工作而當家庭主婦時，也能把自己對事業的意欲寄託在丈夫身上，最理想的是當丈夫的事業助手，當他的遊玩伙伴。

但獅子座的男性很有「情」，容易對妻子以外的女性發生交往，因此妻子的嫉妒心卽會發生，而不喜歡束縛的妻子亦有可能擺脫家庭的、丈夫的束縛。

而性生活方面的性相也很好，奔放的射手座能採取各種姿態和氣氛，應付獅子座粗野又熱情的舉動。

◉獅子座男性↑↓山羊座女性

這個星座的組合沒有回響，是不能互相理解對方的優點的組合。

質樸又細心謹愼的山羊座，在獅子座的男性看來是陰氣沈沈的，而出風頭、霸道的獅子座在山羊座的女性看來是淺薄的，愛好虛榮的。其中假如有一方發現對方的長處，很可能要單相思以終了。

假如因爲緣份而結婚的話，女性會像哄大孩子似的方式來哄男性，而獅子座的男性都是以自己爲中心的。假如男性能放棄不必要的虛榮，而女性能改正她的小氣，發揮她的堅實性，則兩者就有調合的可能。

性方面不好也不壞。山羊座的女性雖然時常保持莊嚴的態度，但要是認爲她不希望强力的擁抱那就錯了。要將其隱藏在謹愼之後的熱情引誘出來才行。

○獅子座男性↑↓水瓶座女性

同性的話是不好的性相，但異性的場合時卻是好的性相。

勇敢又開放的獅子座男性，和冷靜又理智的水瓶座女性之間，能在對方的身上發現自己所沒有的長處而互相吸引。

結婚生活裡，對對方有深切的瞭解和信賴的妻子會以寬大的心對待丈夫，她從不忘記用褒獎的話鼓勵丈夫，而被誇獎就會高興的獅子座丈夫會坦然接受妻子的誇獎，勇氣百倍，對事業就更有自信了。但兩者都沒有儲蓄的精神，一有錢都會花在知識的吸收和社交方面去，因此，爲了留一點錢，可以將錢花在初版的書籍、古書、或保險等方面，以備急需。

性生活方面是大調和。兩者都能在瞬間做熱情的結合，而不能持久的丈夫和欲求平淡的妻子之間亦能配合適當，二人之間能做枕邊細語亦能得到滿足。

◉獅子座男性↑↓魚座女性

這是水與火的星座，原本是不相容的。

約會的時候男性都不考慮女性的希望，也不說一句溫柔話，而注重感情的女性就大感乏味了。對魚座來講，獅子座所謂信賴感、稚氣似的暴君模樣，和強迫性的態度等男性的「要素」，都只是粗野、傲慢而已。最要緊的是，從語言方面來說，獅子座斷定似的命令她都不聽，她認為獅子座的男性缺乏溫雅和體貼。

性生活方面也是不能協和，丈夫達到高潮後也不管妻子如何，翻身就睡著了，而希望沈迷在美妙氣氛裡的她就暗想別的男性也許能給予她這種需求。

挽救危機之道是丈夫開口要溫柔體貼，妻子就會認為丈夫像撒嬌的孩子那麼可愛。而另一方面，互相不干涉的態度也能意外地得到解決和妥協。

◉處女座男性↑↓牡羊座女性

兩者是互相不關心的組合。

神經質又正經的男性和富有進取性的女性，性別上好像有相反的感覺，雙方假如沒有共同的利害關係或目的很難互相吸引。

注意小節，褲子沾了一點泥水都很在意的處女座男性，在約會時很會觀察女性，「今天妳這一身打扮眞合適啊！」不只服裝，些微的言語、表情，都逃不出他的注意。對這種男性，牡羊座女性就大膽的以自己的喜好為優先了。活動性的牡羊座認為處女座的態度有點忸怩，小家子氣的

兩者性格相反卻能順利。

感覺。

二人結婚的話，孩子的教育和丈夫的交際都由妻子支配，妻子掌握壓倒性的權利，而對妻子絕對服從似的無抵抗主義，在處女座的男性來說，和妻子妥協的可能性很大，但丈夫纖細的神經能忍耐到何種程度卻是一個疑問。

性生活方面牡羊座的妻子採積極的攻勢，握著主導權，但假如妻子不尊重丈夫則事情可能不會順利。

◎處女座男性←→牡牛座女性

初見之下好像覺得兩人不配合，但兩人卻覺得自己非常幸福。

隨時隨地都很注意細節的處女座男性，和稍有一點不經心，又神情悠然的牡牛座的女性看起來好像不相配，但卻能相處甚歡。約會的時候遲到的一定是女的，而用餐的時候，注意服飾和周圍的情景，擦拭桌面上的水跡的大都是男性，而女的對

處女座男性和牡牛座女性

男的舉動無動於心，繼續用餐。

這樣的兩人結婚使人覺得是一對奇妙的夫婦，丈夫掃地洗衣服，妻子也不在意，而丈夫叫她整頓、清理一下室內，她也悠然的回答「是」，他們互相間有一種奇妙的信賴感。

性生活方面男性稍比女性精力差一點，但技巧和體位能補償不足，但研究太過熱心，可能有使用補助器的傾向。

●處女座男性↑↓雙子座女性

雙方都是神經質的星座，假如雙方都太敏感反而不會順利。因爲緊張的神經互相衝突，得不到片刻的休息。

因此，雖然相愛，但約會時氣氛不太對，約會時心裡老是覺得對方會不會感到無聊或厭煩，而自己感到很緊張，結果因爲無趣而陷入沈默之中。偶爾談些話也要互相諷刺和批評。

結婚後也是一樣神經緊張，心得不到休息。妻子雖然和丈夫在一起，心裡想的卻是另一個男人，而有潔癖的丈夫也會敏感的看穿妻子的心理，將要燃燒起來的熱情也就消失殆盡，只好悶悶不樂的翻身睡自己的覺。

這時候最好不要焦躁，慢慢培養愛情才好，因爲雙方只是神經質，並無惡意，只要互相體諒、關懷卽能調和。

○處女座男性↑↓蟹座女性

外表上看起來好像兩人的關係很輕薄，但事實上卻能互相理解的好性相。

能和任何人適當地交談的蟹座女性，認爲處女座男性訥訥的言語之後有眞實的感情而大受感動。處女座的男性外表好像不夠風雅，但內心非常纖細，因此大都是喜愛文學藝術的青年，而蟹座的女性對他來說，是比較不會讓他感到束縛，能讓他發揮特長的對象。因此兩人的交情假如深一點的話，會從保齡球談到波特萊爾或海涅。

結婚的話，兩人性趣相同的「同好」感會淡薄，因爲愛好家事的蟹座埋頭於家庭之中，而丈夫滿足於家庭，不會出外游蕩，而蟹座的妻子也能安心渡日，不必大費猜疑心了。

性方面很平淡，雙方都是缺乏精力的，能互相配合，雖然缺少刺激，但能協調。

◉處女座男性↑↓獅子座女性

這個組合的兩人看起來雙方都沒有好感，一個是大刀濶斧似的，無神經似的獅子座，一個神經質的處女座，兩者沒有吸引的要素。

這兩人假如約會，大都是雙親的强迫，或上司、朋友的介紹—不得已的吧。吃要一流的餐廳，看表演要一流的指定席，這是愛豪華的獅子座女性，而處女座的男性頂多是一杯果汁，所以兩人總是格格不入，由於二人性格上的差異，相交時間不宜太久吧。

這樣的兩個人結婚的話，仍然以妻子爲中心，活動又開放的妻子很容易忽視丈夫的神經質和牢騷，因而更加使得丈夫挑剔，結果雙方假如稍用一點心卽能協調。因爲不是非常不好的性相，努力一下卽有可能得到幸福。

性方面雖然有差異，但熱情大膽的妻子和冷靜，精力不足的丈夫能商量，利用一些技巧就能得到調合。

○處女座男性↑↓處女座女性

雙方都能在對方的身上發現自己的影子，因而產生吸引和排拒的感情。假如是同性就比較不好，異性的話是比較好的性相組合。

雙方要注意的是兩人的挑剔心，因爲神經質和纖細的感覺，很容易受到傷害。假如兩人是好運，則能加倍要好，假如兩人惡運，則惡運加倍發展。

結婚的話也許周圍的人會反對，但兩人會乘時機成熟時結婚，要是祝福的人很多，兩人會更加高興，甚至計劃擧行大規模的婚禮。假如平安無事，妻子能操主婦業，與正經的丈夫配合，儲蓄金錢，丈夫的薪水雖不高，但也能過得很富裕。

性生活方面，處女座保持著特有的少年少女的清純，沒有濃艷的色彩，但能配合，假如雙方性知識不成熟，不知異性肉體的構造，將可能重複一些乏味、錯誤的愛撫。

⦿處女座男性↑↓天秤座女性

內向和冷靜的處女座和富有社交性的天秤座相遇時會互相寒暄問候，但沒有進一步的發展。因爲兩者沒有共通點和吸引對方的魅力。

但假如兩人有共同的興趣或目的時，就有可能發展出進一步的交情。雙方都不是積極的，所以多多見面，講話的機會才

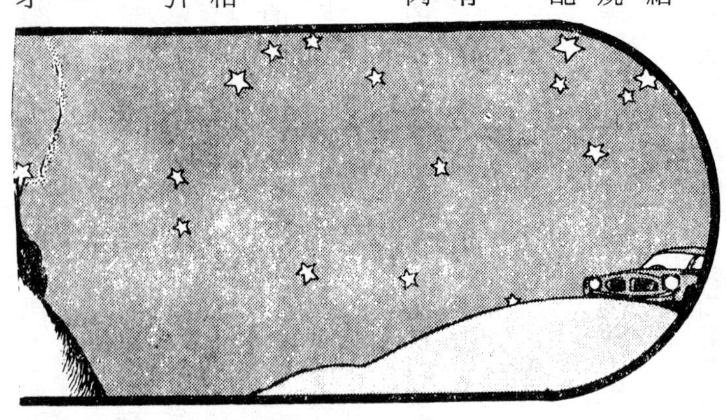

只能反覆一些錯誤的愛撫。

會增多。

這兩人結婚的話，注意細節的丈夫很容易挑剔妻子的缺點和小過失，又因爲神經質，會嘮叨指責，而時常想要完美無缺的妻子對丈夫的挑剔也大感不滿。兩人結婚生活也並非沒有順利的方法，只要丈夫發揮特有的服務精神，整理家事，而妻子不要老是不在乎，要發現丈夫的長處，不要只看缺點。

性生活方面是比較調合的，處女座的好奇心和實驗癖，能刺激天秤座的快感。

○處女座男性↑↓蠍座女性

正經的生活態度的處女座男性，和希望踏實的家庭生活的蠍座女性是很相配的。

樸素的兩人喜歡在寧靜的庭園、或郊外約會，在隱藏的戀情中發現彼此相近的理想。

結婚生活之中，妻子對丈夫寄託以絕對的信任，而好猜疑

處女座的男女，假如性知識不成熟，

的丈夫也能穩重的貢獻愛心，共同構築一個平凡快樂的家庭。適合於兩人步調的家庭，是貞淑、聰明的妻子和正經、確實的丈夫共同建造的幸福堡壘。處女座的丈夫會自己打掃自己的房間，整理自己的東西，而蠍座的妻子也不會討厭丈夫的嘮叨，盡心做好一家庭主婦之職。兩者都不喜好外表裝飾，不會浪費，所以能存一點錢。

性生活方面並不太調和，精力性的蠍座妻子的欲求是熱情又激烈的，而處女座的丈夫較爲平淡，妻子常感不滿。

●處女座男性↑↓射手座女性

這是不好的性相。

處女座的男性很正經，而射手座的女性有點懶散，約會遲到三十分鐘也不說一聲抱歉，有時候在路上看到有什麼好電影，就忘了約會的事。

這種性格的女性大概對纖弱的處女座沒有太大的希望，她可能捨棄家庭和孩子，投到强有力的男人懷裡。她甚至連炊事、洗濯都不會，小說家筆下的惡妻大概都是這一型的，而由於母親的疏忽導致孩子窒息而死的也大多是這一星座的女性。

丈夫雖然常講話提醒她，卻沒有效果，說不定順其自然反倒能解決也說不定。而床上的生活，奔放自由的妻子要求她的渴望，往往使得丈夫有無力之感。

但妻子這種情熱假如向外發展，自己做點生意，在經濟或許會有收獲，而雙方也能互相熱心於事業，未嘗不能得到和諧。

◎處女座男性↑↓山羊座女性

雙方都是踏實、細心又實際的星座，雖在沈默中也互相抱有好感。

責任感重，對小事也不馬虎的男性，使得山羊座女性從他身上發現人類的誠實，而愼重、不浮華的山羊座女性，也使得處女座男性感到成熟女性的魅力。

兩人約會時也很經濟，而周圍的人對他們的踏實也深深祝福。結婚生活能脚踏實地、樸素的、誠實的互相勉勵，有時候也會想買一些比較穩定的證劵、定期存款或購置田地等，以實現他們的夢想。但假如過於節儉，使家庭和別人都有枯燥的感覺。

夜生活也很調和，山羊座女性稍有一點快感即能滿足，不要求精力較弱的丈夫能力之上的作爲，她不責求丈夫，而是引導丈夫欲望的助手。

◉處女座男性↑↓水瓶座女性

兩者沒有互相間的關心，是乏善可陳的性相。

水瓶座女性很奇怪，對眼前的小事倒不感興趣，這一點與其他星座的女性大異其趣。開口說的都是夫婦該如何如何，人類的理想等等之類的話，而處女座男性談的是家庭建設的大小事情，以及零用錢的使用方法等，因此兩人話不對頭，大都無趣而終。

經濟第一的丈夫，和以追求知性為樂的妻子，要尋求使雙方都滿足的共同目標。例如，以建立自己的家為目標，丈夫要儲錢，妻子要設計等，而討厭家事的妻子要用心掃除和洗濯，不要動不動就邀請朋友到家裡來。

這個組合的夜生活，不想嚐試特別的體位，是極平凡的持續。

●處女座男性↑↓魚座女性

這對星座是在宇宙的相反方面。普通這個位置的星座的同

離婚率很高。

性性相不好，異性也許會好一點，但是很遺憾，這個組合的異性性相也不好。因爲雙方都是變通星座，配偶的緣份很容易變化，離婚率很高。

但雙方對異性的魅力依然不變，魚座女性神秘的誘惑力，搖動的感情，和受虐性的性魅力，都使處女座的男性感到陶醉，而魚座女性對自己所沒有的實際的智慧和活動力都可在處女座男性身上發現，對內向謹愼，又滿懷熱情眼光的處女座男性，魚座女性會昇起興趣和同情心。

兩人在戀愛時是這樣，但結婚後對雙方的觀念又會改變了，丈夫的正確性變成精打細算，而妻子的魅力變成不清潔的痲藥似的幻覺。而丈夫在感到自己精力不足時，可能會使用工具或藥物。

○天秤座男性←→牡羊座女性

這是很適合的性相，二人之愛由藝術開始，文靜帶有藝術

處女座男性和魚座女性的

家氣氛的天秤座男性對戲劇、音樂、美術有興趣，而牡羊座女性好奇心强，什麼事都要問他，而且共同研究藝術的鑑賞。他們談些高尙的理論，彼此確認互相間的愛情。

但對男性而言，藝術比愛情重要，假如男的名氣大，女的惑於他的聲名，最後的結婚要由女方先開口。結婚後完全是女性上位。丈夫聽著古典音樂，妻子在旁編織衣物的和諧光景。而這種和平的家庭，開始於連結兩人的藝術，假如其中有一位失去了熱誠，則有破裂的危機。

性方面也是女性上位，妻子先要引誘丈夫，敎導他，才能使他燃燒起來。

◉天秤座男性↑↓牡牛座女性

兩者都是和平的，不想推倒他人而出人頭地，沒有特別的野心和欲望。

假如別人相待以信賴，他也以信賴回報，賺錢不太行，喜歡有休閒的職業，這些都是他們的共同點，但是結婚或一同工作時反而有不好的現象產生。

天秤座稍微想打扮一下，而牡牛座從不想踏出現實一步，她只看脚下，這是離心的原因。在外人緣好的牡牛座女性，一回到家庭大都是頑固的，而天秤座男性一回到家裡，其怠惰之性也出現了。爲了維持兩人的婚姻，丈夫要尊重妻子的耐性和實際的想法，而妻子要尊重丈夫的社交性和協調性，互相瞭解對方的缺點，也許能產生較好的結果。

性方面稍微不調和，精力的，强烈肉體性感的牡牛座妻子，和想同時追求肉體與感覺刺激的天秤座丈夫，會產生微妙的縫隙，而男性也有體力不足之感。

◎天秤座男性←→雙子座女性

雙方都是屬於風性星座，是很對勁的組合。

頭腦反應靈敏的女性，和平衡中庸的男性，會感到情投意合。

對演劇、縫畫、音樂、文學都有興趣的兩個人，他們約會的場所大多在充滿情調的美術館或小畫廊。

目的地和做些什麼東西，都由爽快的雙子座來決定，天秤座的男性都穩重地注視著對方，很有儀態的等待她的決定。

結婚後，雙子座妻子不喜歡鎖在家庭裡，她喜歡工作，但也不忘記努力整頓家庭，是家庭與事業兼顧型的，但有時候也會失去主婦的資格。天秤座丈夫自己不會積極工作，妻子的家事最好不要期待他的幫忙。

性生活是甘美的，雙方能尋求感覺性的刺激和技巧，二人都喜歡浪蕩，這正好互相刺激。

●天秤座男性↑↓蟹座女性

這是很難和諧的性相。去打保齡球時，假如還需要等個一、二個小時，天秤座的男性馬上就會厭煩，想回去，而蟹座女性想利用這一、兩個小時玩玩別的，强拉著他出去。而且她是輭心腸的人，朋友有需要幇助的，她都出馬相助，而在男性來說反而認爲她歇斯底里，神精過敏，因此別人對天秤座男性有好感，她就認爲天秤座男性是冷血動物。

假使能互相瞭解對方的短處，又想共同生活的話，男性要得到一個固定的職業以取得女性的信賴。又因爲天秤座男性有一點孩子的依賴性，蟹座女性能盡到一點母親的任務卽能相處順利。

性生活方面沒有太大的波動，兩者都缺乏精力。爲了增加刺激，可研究愛撫的技巧，互相刺激，以求增加快感。

○天秤座男性↑↓獅子座女性

寧靜的、充滿藝術氣氛和豪華的夜晚俱樂部或餐廳，時常可以看到這一對貴婦人與騎士和睦的景象。

對羅曼蒂克的獅子座來講，天秤座帶有藝術的氣質，是非常有魅力的，而討厭忙忙碌碌、斤斤計較的天秤座來說，獅子座的開放性，不拘泥的性格也令他產生好感。優雅禮儀的男性和華貴的女性，正好產生吸引力。

結婚生活的話，丈夫想創造調和明朗的家庭，而妻子亦能協力相助，物質的欲望妻子好强，也有虛榮心，不拘泥於小節的獅子座是製造氣氛的好主婦。

丈夫對家庭中的成員都很公平，是好丈夫和好爸爸，也喜歡邀朋友到家裡來，家中時常充滿笑聲。

性生活方面雙方都是氣氛派的，而丈夫有需要妻子引誘的傾向，妻子的體力和技巧都較好，獅子座有一點浪蕩和强烈的嫉妬心，雙方都要注意。

◉天秤座男性↑↓處女座女性

比較實際，對生活現實有關的才有興趣，這是處女座的女性，而天秤座男性是理想家，太現實的問題他沒興趣，這樣的兩個人恐怕不會太和睦。

選擇職業方面，天秤座男性喜歡比較輕鬆，有休閒的時間，不必忙忙碌碌的工作，而處女座適合於統計，分析打字等比較瑣細忙亂的工作。

結婚之後，天秤座的理想論和處女座的實利性大概會起衝突，妻子認爲丈夫懶惰，什麼事都

賢內助的功效。

只講不做，而丈夫對斤斤計較，關心附近物價上漲，或對鄰居的閒談有興趣的妻子抱著輕視的念頭。性生活方面極爲平常。

最要緊的是，妻子要承認丈夫的超現實觀，而丈夫也要認清只有夢想是不能生活的。假如不這樣，兩人恐怕沒有協調的希望。

○天秤座男性←→天秤座女性

雙方不必說愛，就有心靈上的契合。但兩人都是被動型的，決不會自己積極主動去進行追求。

天秤座的女性喜歡挑起男性的強迫式的熱情，而男性的天秤座不喜歡强迫別人，所以他所喜歡的女性有被別人奪去的危險。

兩者都喜歡明朗的、美妙的、寧靜的環境，所以展覽會或看電影，到風景區去遊玩是製造氣氛的好地方，而約會的時間、場所、或是吃飯的事，假如男的不乾脆決定的話，吃一頓飯

蠍座女性能發揮天秤座

可能要浪費一大段時間。

兩人都想建立和平、快樂的家庭，而親戚、朋友的訪問也很多，是充滿熱鬧又快樂氣氛的家。

有被虐傾向的兩者，他們的夜生活大概妻子較有不過癮的感覺。要儘量學習感覺的刺激技巧，否則女方會有欲望不滿之憾。

⊙天秤座男性↑↓蠍座女性

剛結婚時會發現對方魅力的組合。

外出的時候，妻子會驚嘆丈夫的服裝和氣質，因爲丈夫像一位高級紳士，有無限的魅力，而對於不會隨便改變主意的妻子，丈夫也有信賴感，可以安心出外。

但兩人的結婚生活並不太順利。交際場合很得意的天秤座男性，結婚日子一久，就懶散了，女性要逼著他才成。一些朋友、上司等的「送禮」都是妻子出主意的，可謂是天秤座的賢內助。

但天秤座男性情感豐富，可能會拈花惹草，而蠍座的女性嫉妒又深，可能會因此鬧出破裂。天秤座的男性在精力上劣於蠍座，因此夫婦圓滿的秘訣是不可忘記研究性愛的技巧，嚐試各種體位變化，以求得雙方的滿足。

○天秤座男性↑↓射手座女性

這是靜的男性和動的女性。兩人都對人生抱著理想，不喜歡醜惡的競爭，注意友愛，而男女雙方的結合也不是動物性的肉欲，而是依據超越性別的友情和對理想的共同感而成立的。

這個組合在藝術方面是很好的性相。

這兩人假如有了家庭，妻子不會只做個家庭主婦，她能發揮二重星座的特色，職業與家庭都能兼顧。妻子時常外出，丈夫在家的時候較多，而悠閒自在的天秤座也能適應這種生活，而疲倦歸來的妻子訴說她的苦惱時，天秤座男性不但是好聽衆，也能提供建議。兩者互相不干涉對方，因此與常態相反的生活也能相安無事。

性生活方面，奔放又熱情的妻子能採大膽的體位，而丈夫高興之餘也痛感自己的精力不足。但天秤座的感覺性情欲較强，故能利用技巧來補足精力的不足。

●天秤座男性↑↓山羊座女性

很得人緣的男性和樸素、愛好孤獨的女性兩人是不能輕易協調的。理論家又是樂天派的他討厭小氣又忙碌的，而她卻是愼重又實際的，她相信這世界最重要的是努力。例如兩者組織一個家庭，也常有分裂的可能性。

山羊座的妻子會認爲丈夫那種好做空計劃是怠惰者的表現，認爲他是小孩子似的夢想家。而天秤座丈夫對整天開口閉口都嫌物價高、薪水少的妻子懷有一種輕視，認爲她膚淺，愛好物欲。同樣的，性生活也不調和。妻子認爲房間沒有佈置的需要，而且也不想製造氣氛，結果漸失丈夫的興緻。

這兩人假如要順利的話需要相當的努力才行。丈夫要尊重妻子耐勞的辛苦，融合物質與精神的想法，而妻子也要採取丈夫的樂天性，也要常常注意打扮自己，這樣才有協調的可能性。

◎天秤座男性↑↓水瓶座女性

注重兩人的愛情的丈夫，和客觀性的妻子是很好的伴侶，能互相携手，構築一個良好的家庭。

雙方都注重友情，有辨識美醜的智慧，而周圍的人也祝福他們的愛情，希望他們經由戀愛或相親走入結婚的禮堂。

結婚生活也充滿色彩。丈夫能把家事交託給理智又賢明的妻子，而愛妻子、兒女的丈夫能全心全意的埋頭於事業。

而瞭解丈夫心情的妻子，有時是他的戀人，有時是他的朋友，對他既寬大又熱愛。這樣的兩人不但夫婦關係很好，一起從事工作也能順利。

但兩方都追求理想，可能會疏忽將來的生活計劃，所以要注意存一點金錢才好。

夜晚到臨時，尋求感覺和慰籍的心，能排拒肉欲上的結合，而發展出高尚的、心靈的愛的契合。

⊙天秤座男性↑↓魚座女性

兩者性格有差異，但假如能互相理解也能和睦相處。

平衡的星座—天秤座，帶有公正的判斷力，能情理兼顧而

印度彫刻上那種大膽的性生活。

不偏頗，而水性星座的魚座是帶著搖動的情感和依靠靈感直覺的。外表上看起來穩定的社交型的天秤座，其心底抱著的貪欲，魚座的直覺很容易看出來。

而富有世俗的智慧的魚座事實上是強烈的歇斯底里，是混亂性思考的人，天秤座的男性寧願客觀的處理。

結婚的話，仔細的妻子能獻身於愛好和平明朗的丈夫，但兩人很容易關心其他的異性，所以誘惑也多。這樣反而刺激他們的夜生活，所以要防止過度，以免倦怠。

對天秤座男性來說，性行爲是把情欲提高到藝術的演技，不但愛好多種體位，又喜歡說些甜言蜜語，這和妻子的被虐性傾向剛好能配合，是享受官能世界的典型。

◉蠍座男性↑↓牡羊座女性

這個組合困難重重。

牡羊座女性一到海邊，不投身於波浪之中就覺得不過癮，

天秤座男性與魚座女性能從事古代

，而蠍座的男性一坐到沙灘上就感覺不對勁，善惡分別淸楚的牡羊座女性非常大方開朗，對陰性的蠍座沒有好感，而男性的蠍座對牡羊座的獨善其身也深表不滿。

嫉妬深的蠍座丈夫，假如在外看到妻子與別的男人在一起，也許會起疑心而禁止她外出，而妻子當然也不甘願受約束。雙方要在互相安慰憐憫之中結合，而結合之後也不能忘記繼續那種互相慰藉的心，這樣才有可能協調。

男女都是激烈性欲的性相，在床上的生活是鬪爭激烈的。

○蠍座男性↑↓牡牛座女性

同性的話是凶相，而異性之間的話，這個組合算是吉相。

他們喜歡在靜靜的，有噴水池的公園，或是近郊的田園中比肩漫步，男性就利用這些場合，將其理想和抱負拚命地向身邊的人兒遊說，自己將如何如何做一個可靠的丈夫，而兩人的感情也就逐漸的融洽了。

討厭嘮叨的蠍座，對牡牛座女性那種欲言又止的矜持態度感到非常有魅力。而忍耐、細心的牡牛座女性，對同樣保有愼重、忍耐力的男性也有好感。

貞淑又稍微有一點頑固的妻子，和男性的可靠，兼有豐富情感的丈夫，任何人看見都會認爲他們是充實的、相配的，可以創造一個寧靜和平的家庭。

夜生活也很相配，强烈的肉欲加上精力的肉體，兩者的遊戲可玩得非常起勁。

但雙方都是固執的人，假如有吵架就可能很長的期間內不講話。因此互相要瞭解彼此的缺點，注意一下即可維續理想的家庭生活。

◉蠍座男性↑↓雙子座女性

平常很少講話，一講話就很尖銳的蠍座，和討厭沈默而好輕語快言的雙子座女性，雙方誰也不讓誰，如此就很難協調配合了。女性認爲蠍座男性有點陰險，而男性認爲雙子座女性是不能忍耐的、輕薄的長舌婦。

這個組合假如結婚，希望有個誠實安靜的家庭的丈夫，對妻子那種愛講話和不隱重的舉止一定相當苦惱。

另一方面，追求變化和愛好交際的雙子座妻子，也會討厭平凡單調的主婦生活，她不喜歡和沈默的丈夫在一起，反倒喜歡到鄰居家去閒談，或喜歡到外面去逛逛，這樣難免和猜疑心、嫉妒心比別人强的丈夫發生衝突。

性生活方面可能因爲丈夫的嫉妬心而轉變成虐待性的行爲，妻子的體力有透支的顧慮。

容易因女性的奢華而破裂。

◎蠍座男性↑↓蟹座女性

這是很好的性相。有很深的洞察力和勇氣的蠍座男性，亦是富有激烈情感的人，而和帶有相同情緒的蟹座女性，兩人之間即使沈默也能契合相通。但兩者假如能遇到曾經嚐過失敗經驗的異性或許比完全純潔的少男少女要好。

這個組合的婚姻生活非常圓滿。在蠍座丈夫的保護下，蟹座妻子能把家整理得有條不紊。很會做菜的妻子亦能利用時間編織一些衣物，裝飾房屋，使得疲倦返家的丈夫能得到休憩。而且蟹座和蠍座能養育很多孩子，對孩子教育也很熱心。

雙方都是情感豐富的星座，因此性生活是充滿濃厚的氣氛。但感受性強而肉欲淡泊的妻子，對蠍座丈夫的貪焚能適應到何種程度，這是一個問題，而丈夫比妻子更容易嫉妒，這一點也要注意。

蠍座男性和獅子座女性假如結婚，

●蠍座男性←→獅子座女性

這是不好的性相，一個是在宴會中大出風頭的獅子座女性，一個是不喜熱鬧，喜歡一個人靜靜地獨坐的蠍座男性。

女性也許會被特殊的男人所吸引而結婚，但是男性會對她時常打扮外出感到不滿。但很奇怪，兩人的頑固是相同的，誰對誰也不肯低頭，而且也不肯承認自己的失敗，不甘願踏上離婚的路途。

假如女性能收斂一點，減少浪費和外出的次數，則兩人的關係也有協調的可能。或是丈夫能從妻子的打扮中發現自己的華貴和生活中的羅曼蒂克氣氛，這樣夫婦之間的感情也能保持和平安泰吧。

性生活方面妻子較有超過的傾向，她會穿著誘人的服裝，噴灑濃濃的香水，引誘丈夫的「勇氣」，但她會發覺這沒有什麼效果。

○蠍座男性↑↓處女座女性

雙方都有實實在在的生活態度，能逐漸的產生好感。但不是發現對方的優點就投入對方的懷抱，而是發現對方有和自己相同的地方，且互相承認瞭解之後才發生吸引力的。

雙方避免豪華的約會亦能加深互相間的瞭解。一些能靜靜談話的場所，和寧靜幽美的小徑都是倚偎的好地方。

結婚生活是兩個人的小天地，既堅實又平穩。妻子爲家計定了一套綿密的計畫，不浪費一文錢，而丈夫也能以妻子的事爲大事，儘力工作，創造事業。

但蠍座男性嫉妒深，又不好講話，動不動就要爭吵，而妻子稍嫌囉嗦，這些都要注意。性生活方面，丈夫的精力型的欲求，內臟較弱的妻子可能會受不了，這需要創意的功夫。

⊙蠍座男性↑↓天秤座女性

雙方沒有太大的共鳴，總是有芥蒂存在的感覺。

喜歡美麗、明朗的氛圍的天秤座女性，對蠍座的男性那種陰濕的莫測高深的性格感到厭惡，雖然沒有很大的愛情，但夢中侵犯她的大都是這一星座的男性，這也眞奇怪。

的確，這個組合的女性全無意識的感到蠍座的性魅力，而男性看到她好議論的天性那麼活潑，不管有沒有愛情，也會昇起征服她的欲望。

假如兩人已經到了不得不在一起生活的時候，蠍座的男性要注意不能出言不遜，講些下流話和粗暴的舉動都是不應該的。因爲天秤座的女性自尊心很强，自己假如感覺受到一點輕蔑，她不但記在心裡，也會記在「身體」裡。而女性要注意男性的嫉妒心。

性生活方面是很相配的，精力絕倫的男性可以滿足女性的需求，但男性在熱情激昂時也不要忘記，要用語言表達出來才好。

⊙蠍座男性↑↓蠍座女性

雖然不是合不來的性相，但兩者在最初的交往是很難互相吸引的，兩人對喜歡的事物會引起熱烈的話題，但假如沒興趣的話，兩者都緘口不言，結果互相不了解對方究竟做何想法。

但是假如發現兩人有共同的目標或興趣，他們的關係就會急速的加深。結果不但是朋友，更能發現對方有自己的影子而產生親近感。

雖然是相似性格的朋友，如果太過爲所欲爲的話也可能減低魅力感。所以雖然意氣相投，最好還是避免婚前的性行爲較妥。因爲對方假如沒有「未知」的神密性存在，可能就會互相產生厭惡感。

結婚的話兩者可以創造一個堅實的家庭生活，兩者意志堅強，財產的經理上也有一手，缺點是兩者嫉妒心强，又很固執，可能有冷戰。而要調合夫婦的冷戰，可好好利用夜晚的生活。

兩者都是精力型的星座，互相不會有不滿足之感，可達到天黑地暗的激烈競爭，飽嚐官能喜悅之感。

◉蠍座男性↑—↓射手座女性

兩者都不是非常能克制自己的人，所以這個組合的情況也不算很好。射手座的女性愛好自由、奔放、開放的生活，相反的，男性卻是「險性」的，雖然有敏銳的觀察力和忍耐力，但又有很强的嫉妒心和復仇心。

如果在文學或運動方面，兩者都持有相同的興趣或職業的話，互相接近的可能性就很大了。

蠍座的人喜歡登山、水上競技，和需要耐力方面的運動，而射手座的人喜歡速度的競賽，雖然稍有不同，但兩者可以找出共通點而互相研究，增進彼此的瞭解。

進入家庭生活的射手座妻子，喜歡回娘家或是到朋友的家裡走動，而不想呆在家裡。而且稍有點散漫，一出門就不曉得回家的時間。丈夫的忍耐力很强，但假如妻子不能表示一點歉意或是謝意，卽可能產生裂縫。

蠍座男性將白天隱藏在心裡的感情，在床上向妻子發洩，而開放的射手座當然是以喜悅之情接受，性生活可說是意外的順利。

○蠍座男性↑↓山羊座女性

這是很相配的一個組合。相遇時彼此都能在對方的身上發現自己的影子，互相抱有踏實的印象和安心感。

尤其是山羊座女性，錢包的拉鏈很難打開，所以新婚的浪費生活不會出現，她從第一天起就把家計訂得非常精密，認眞地儲蓄存款了。

而男性的魅力集中在眼睛，沒用的話他不說，看他的眼睛就能知道他的深情。缺點是雙方都很頑固，自尊心强，誰也不肯認輸，因此問題發生時，絕不可出口傷害對方，尤其是欠缺道理和辱罵對方長輩的話絕不能出口，假如衝突起來了，妻子要引誘對方休戰才好。

性生活方面普普通通，妻子會不厭其煩的佈置寢室，以製造氣氛。

●蠍座男性↑↓水瓶座女性

約會的時候只有女方滔滔不絕，而男方沈默寡言。這是很少進展的組合。

沈默的「陰性」蠍座很難得到能言善道的水瓶座女性的理解。另一方面，蠍座的男性也討厭滔滔不絕的長舌婦型的水瓶座女性。此外，雙方都很固執、好勝，稍有一點不合，將會難以復初。

假如結婚，早晚也會發現彼此性格上的差異而產生對立。但雙方又都是很有定性的星座，雖不協調，也不會踏上離婚之途，而以冷戰態度持續一段很長的時間，等到雙方都老了，才發覺這種緣份的不可思議。

性生活方面，丈夫是精力型的，而淡薄的妻子以理智的愛情為重。兩人生活上根本的差異是不協調的最大原因，因此在進入冷戰以前，希望能努力培養共同的興趣，技藝或運動都好。

◎蠍座男性↑↓魚座女性

這是大吉的性相。雙方都是水性星座。男性的勇氣使得魚座的女性想投到他強有力的懷抱裡，而安詳隱靜和柔弱肌骨的女性，也使得蠍座男性昇起擁抱她的欲望。兩人之間是不需要語言的。避開喧囂，肩並肩在海邊散步，就這樣燃起兩人的戀情。但是憧憬夢幻般愛情的她有時候會抱怨蠍座男性的熱心工作。

結婚的話，妻子可負起參謀的任務。邀請朋友到家裡來小坐，妻子能招待得皆大歡喜，而丈夫祗要在一旁觀看，靜靜的和他們聊天即可，丈夫不必插手，就能得到很多朋友的信賴。

而妻子假如和客人稍微親熱一下，丈夫就暗地裡吃醋、嫉妬，而這反而促進夫婦夜晚的生活，丈夫的吃醋變成性行爲上的虐待，如此更增加妻子的快感。

◎射手座男性↑↓牡羊座女性

這是大吉的性相。雙方都是火性星座，不但在事業上或戀愛上，都能熱情似火的互相合作。

牡羊座女性很欣賞熱中事業的男性，向目標前進而不顧一切的射手座男性最得其歡心。另一方面，尋求爽朗的射手座男性，對牡羊座女性的進取心和活動性也感到有無限的魅力。

但討厭束縛的射手座喜歡自由自在的到處馳騁，他是放浪似的戀人，今天在這裡，明日已不知跑到何處去了，因此他的約會也是珍惜瞬間的，能熱熱烈烈的燃燒起來。

而進入家庭之後這種習性也不會改變，丈夫的行踪連妻子也不知道。但妻子能妥善的料理家事，照顧孩子，有時候也能陪伴丈夫到野外去遊山玩水。

性生活也很調和，熱情的妻子採積極的態度，丈夫也能放縱欲望，兩者不是技巧和手指的動作，而是整個身體的感受滿足。

◉射手座男性↑↓牡牛座女性

這是不對稱的組合，將來可能發生問題，那些開快車，追求速度的射手座男性，給牡牛座的女性一種危險，不可靠的感覺。

生活環境中射手座的男性也很好「賭」，熱中於股票、投資等，但是追求平安生活，不想冒險的牡牛座女性卻認爲他是好高騖遠，而射手座的男性也認爲她不懂生命的樂趣。

兩人假如要創造一個沒有破綻的家庭生活，丈夫要專心於事業，而妻子要專心於家事，這樣分擔任務，大家做好份內的事，此外恐怕沒有其他的方法了。而妻子也要等丈夫回家，不要自己先去睡才好，而丈夫要確保家計起碼的收入，之後才講自己的自由行動。牡牛座女性別的不說，家事的整理是她的拿手，男性也該給予誇獎才對。

性生活方面很平凡，按照日曆表行事，約會星期日做愛情

夜生活是照日曆行事。

遊戲，其他的時間就很難配合了。

○射手座男性↑↓雙子座女性

雙方都不會集中關心一個特定的對象，周圍通常都有不少的異性朋友，這是這個星座的特徵。雙方一旦互相感到對方的魅力，就能順利發展。

兩人組織家庭時，妻子有個職業，或是和娘家的人住在一起較好，因爲射手座一出門就不曉得什麼時候回家，妻子會感到非常無聊。因爲射手座的丈夫經常在外，妻子因爲忍受不了寂寞，可能會產生破裂的局面。

這個組合的良好與否，在於兩人能否創造一個適合於兩人的家庭環境。例如妻子也忙於職業，假如有親人在家等候她的歸來，也可以保持夫婦之間的新鮮感，亦可成爲夫妻感情的刺激劑。

兩人的性生活夜晚比白天更加刺激。丈夫的技巧和熱情，

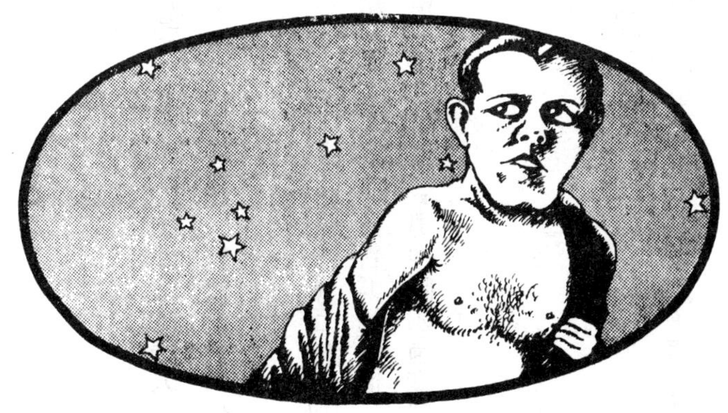

射手座男性和牡牛座女性的

使得妻子達到忘我的境界。

◉射手座男性↑↓蟹座女性

這是很難配合的一對。蟹座理想中的男性是按時回家，不忘記替孩子買禮物回來的男人。但是射手座的男性正好相反，他要出門時也不講一聲，而且自己的房間也不清理，對妻子的新髮型也無動於衷。妻子雖然很會佈置家庭，也會覺得枉然。

但是假如能彼此瞭解對方的性格，也可能因禍轉福。最好能有一個共同的職業或目的，以連結彼此的感情。妻子不輸給丈夫，丈夫也不輸給妻子，這樣互相勉勵激勵可促進新鮮的愛情。

而這星座的女性性行爲的欲望淡泊，對於每天晚上求歡的男性感到厭煩，男性假如過度要求的話，要妻子適應也是沒有道理的。

◎射手座男性↑↓獅子座女性

兩者都是火性星座，帶有寬大和開放性熱情的兩個人是周圍的人羨慕的一對。

獅子座女性被射手座男性那種雄偉的、野性的氣質深受吸引，而男性也能發現獅子座女性那種天衣無縫的快活，覺得「她正是我想要的人」而動心。

男的會在忙碌的工作之餘，找時間和女的約會，兩人去打高爾夫球或網球，或是去賽馬，高高興興的渡過甜蜜的約會期間。

結婚的話，妻子對不常在家的丈夫無一句怨言，認眞的照顧這個家，過著安定的生活，而假日丈夫也能帶妻子到外面去走走。夫婦吵架也能很快的回復如初。家庭明朗，朋友出入很多，而妻子的招待手腕很好，她似乎握著家庭的主權。

兩人的性生活是熱情的結合，非常調和，不過時間不會很長，雙方都是瞬間燃燒的。

●射手座男性↑↓處女座女性

很正經的處女座和很散漫的射手座，兩人是很困難的性相組合。

例如射手座是營業員，處女座是事務員，兩人同在一個公司裡工作，他出去辦事時無法連絡，回到公司也不知道是什麼時間，就這樣兩個人會時常爭吵。卽使是表面上看起來非常融洽的兩個人，處女座選擇的是堅實的家庭式的男性當伴侶，而射手座考慮的對象是不束縛自己的開放的女性，所以兩者很少奏起結婚進行曲。

卽使結婚了，就在新婚期間也難免衝突。穿著隨便的丈夫對喜好清潔的妻子的感覺是神經兮兮，而用一塊錢都要計劃的妻子，認爲丈夫亂花錢才是神經病呢！但是最後感謝的是丈夫，他不得不佩服妻子的遠見，而妻子也要寬容射手座的男性那種男性氣質。

性生活並不太協調，喜歡女性採取大膽姿勢的丈夫，對妻子那種拘束、羞恥感有一種不過癮的感覺。

○射手座男性↑↓天秤座女性

能動性的男人和被動性的女人，這可算是好的性相。

天秤座的女性時常保持冷靜、沈著的調和，射手座男性認為這才像女人，而另一方面，天秤座女性對自由奔放的射手座男性也認為他富有男性魅力。

認定目標勇往直前是射手座的特性，而這種特性正是吸引迷惑，猶疑不決的天秤座的地方。尤其是兩人有共同的工作或興趣時，其結合的情感是更為確實的。問題是射手座常會忘記約會，而高傲的天秤座常會故意遲到。

結婚之後不能呆在家裡的射手座恐怕要失去丈夫的資格了

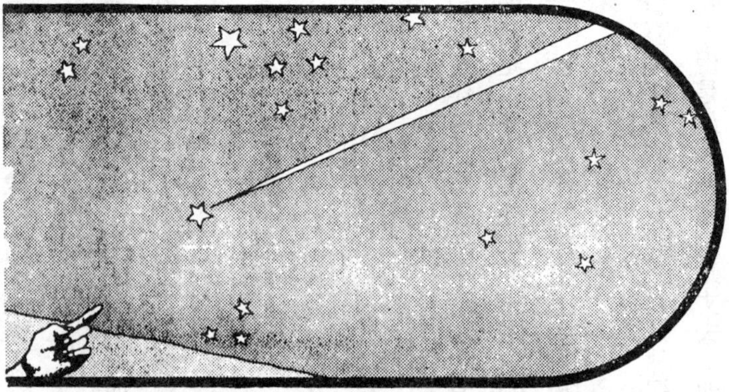

女性有點不夠味的感覺。

，出外、回家的時間都是不規則的，有時放假日也跑出去逛，很少考慮到家庭，而妻子對這種丈夫雖然會抱怨幾句，卻也很愉快的過著家庭生活。這可能是妻子把家裏弄得井然有序，丈夫才放心到外面走動吧。

夜生活是官能的享受，妻子能配合丈夫的熱情和技巧，達到魚水交歡的境地。

◉射手座男性↑↓蠍座女性

這是稍爲難以調和的組合。

好遊玩的丈夫一出門，連個電話也不打回家連絡一下，而在外玩得高興，回家也不吃飯就上床睡覺去了。這樣一來，使得一個人在家裡等他回來的蠍座妻子更加疑心，終於導致分離。

丈夫假如能帶妻子到戶外去走一走，把閉鎖的心胸放開，有助於夫妻之間的感情，或一週有一次到餐廳去用餐也很好。

對射手座男性來講，處女座

而妻子也不必追究丈夫在外面的一切行動，信賴他，這也很有效果。

性生活的初期很順利，但丈夫要求過多時，妻子可能會產生倦怠感，而且性行爲時丈夫喜歡光明，妻子卻喜歡暗一點，兩者最好協調一下，找出皆大歡喜的方式。

○射手座男性↑↓射手座女性

這是氣味相投，能產生親近感的組合。

對兩人來講，結婚或家庭並不那麼重要，卽使結婚了也喜歡相偕出外，旅社的床比家裡的更有樂趣。假如兩者都在表演界、廣播新聞界工作的話，感情也會很順利。

兩者都不喜歡拘束，而且只對自己關心的事情有興趣，假如雙方有共同的話題或嗜好，或廣交朋友亦能發現新鮮感。

但是射手座是變動性的星座，兩者假如長時間不見面，有遺忘對方的危險，所以要製造見面的機會，可是兩人如果感情不睦，很自然的就不會執著了。

性生活方面白天比夜晚更好，在狹小房間或沒有窗戶的房間都不能放開心情去做，所以他們旅行的話要選擇居高臨下的高原旅社，這樣比較有解放感，能儘情歡樂。

◉射手座男性↑↓山羊座女性

這大概是沒有共鳴感的組合。

對自己和別人都很嚴肅的山羊座女性，認爲射手座的樂天性是太囂張了，另一方面，射手座也看不慣山羊座那種功利主義。雙方假如沒有發現什麼利用價值其結合是不會成功的。

丈夫的散漫態度使得婚姻生活時起波浪，責任感强的妻子認爲丈夫那種爲所欲爲，做事不通知一聲的行爲是不負責任的擧動，而悠閒地看電視的丈夫也認爲妻子那種求知的正經態度太過嚴肅，使他回家得不到放鬆和休憩。

夜生活極爲平凡，是標準型的，兩人偶爾可以出去旅行，利用旅社的床，這也是保持新鮮感的一個方法。

○射手座男性↑↓水瓶座女性

充滿野性的射手座男性，和能溫柔體貼照顧男人的水瓶座女性是很適當的組合。

充滿理解和友愛的水瓶座女性並不想束縛射手座男性的自由，而且還會鼓勵他的狂熱呢！而射手座的男性，對傾聽自己率直坦白的談話的女性也抱有好感。

山羊座的丈夫很專利。

兩人的約會不喜歡在繁華的市街，而是投入大自然中，如此才能更增進感情。家庭生活中，妻子也能平穩的管理家事，而且以寬大的微笑迎接從外面回來的丈夫，不管他是出去工作或是遊玩。

而性生活很淡泊，並沒有燃燒似火的歡樂。射手座的男性自由奔放的態度可能傷了別人，而水瓶座的女性能以洞察力和理解力來安慰他，給他精神上的支持。

●射手座男性←→魚座女性

這是要相當的努力維護才能順利發展的組合。

富有正義感，講話率直的射手座男性認爲魚座女性博取別人歡心的寒喧、問候，是長舌婦型的可笑，而魚座女性對射手座率直的態度，也沒有好感，認爲他是粗野的人。

此外，固執與輭弱、敏感和鈍感、溫柔和暴躁，這些相反性格的對立也使得兩人時常產生矛盾，以致於出現討厭之感。

牡羊座的妻子會認爲

結婚之後，妻子也會對丈夫的散漫感到不滿，假日丈夫自己出去遊玩，而妻子也認爲這個「大孩子」不在家反而落得清閒。

丈夫要接受妻子那種少女似的撒嬌，而妻子也不要想束縛丈夫，這才是維持美好的家庭生活的秘訣吧！

性生活上，射手座和魚座的情感上的性質差異很大，而且性格也很多不同，大概不會很調和。

●山羊座男性↑↓牡羊座女性

這個組合不管在夫妻、父女、母子之間的關係上而言，都是很難和睦的。

對自己和別人都很嚴格的山羊座男性是內省的、愼重的，他認爲牡羊座女性只會攻擊別人，是輕率和好勝的人，而牡羊座的女性也認爲山羊座是利己的陰謀家，是頑固的男性。

這個組合的男女假如結婚之後，家庭可能會變成冷戰的場所。結果大概多是「陰性」的山羊座佔上風，牡羊座的女性不得不承認他的專制地位。

這兩人的性生活一般講起來也不太順利。虐待傾向强的丈夫，對握著主導權，想主動攻擊的妻子感到掃興，因此妻子要忍耐自重，配合丈夫的擺佈，這樣才有調和的可能。

另一方面，夫婦從事一種共同的事業，卻是非常可靠的組合，因爲山羊座富於企劃、組織的能力，而牡羊座擅長於實行的能力。

◎山羊座男性↑↓牡牛座女性

這是最好不過的性相了。兩人像兄妹一樣，性格又非常相似。山羊座的男性很誠實，今日事今日畢，非常踏實，牡牛座女性高興以他爲終身的伴侶。男性也會對女性那種儉約儲蓄，熱心於結婚後的生活計劃產生信賴感。

很踏實，順利的走上結婚之途的兩人大概也沒有離婚的危險，妻子是做料理的能手，而丈夫假日也能在家裏整理家事。

但是沒有風波的生活，一旦厭倦產生時，好色的山羊座男性很可能會遇到往日的情人而發生家庭風波，假如女方不胡亂採取行動的話也許可能合好如初。

性生活方面非常調和，雙方能達到最高的官能享受。而山羊座男性無早洩現象，欲望强的牡牛座女性大概也能得到十分的滿足。

◉山羊座男性↑↓雙子座女性

這是稍微有一點困難的組合。好的話也是互相不關心的終其一生。雙子座的女性頭腦反應快，容易輕視男性，想要領導男性的類型。而山羊座男性一方面接受她的批評，可是卻頑固的進行自己的生活方式。

假如兩人結了婚，丈夫對妻子從早「唸」到晚的嘮叨會來個相應不理，雙方誰也不理誰，假如兩方都有解開芥蒂的意志，相信這個解是可以打開的。丈夫承認妻子的生活方式，而妻子也不要存有教育丈夫的野心，這樣雙方才能得到協調。

性生活方面，觀賞的興趣高昂的山羊座男性，可看清楚妻子的每個部位，亦能變化愛撫的方式，雙方達到長時間的契合。

○山羊座男性↑↓蟹座女性

同性的話是凶的組合，而異性之間的話卻是吉的性相。因爲山羊座的男性是愼重、自制心強的性格，對於感情變化迅速的蟹座女性來說，是適當的伴侶。

蟹座女性爲了心愛的男人可以編織衣物到深夜，而男人更因爲女性的體貼而加倍的愛護她。

兩人的家庭生活非常健全，善於料理家事的妻子和無情緒又誠實的丈夫正是標準的典型。偶爾妻子會歇斯底里似的吵鬧，而丈夫是心平氣和的應付過去。

性生活方面，注重情緒氣氛的妻子可能會認爲丈夫沒有情調，這也不見得，有時候丈夫會特別製造氣氛呢。性行爲假如變成事務性質的話就沒意思了。而蟹座的女性較爲淡泊，丈夫會有不過癮的感覺。

◉山羊座男性←→獅子座女性

質樸節約的男性討厭奢侈，而獅子座的女性都喜愛豪華的場所，用錢很快，所以兩者很難得到共鳴。

例如在公司裡，這兩個男女坐在一起辦公，山羊座的陰性頑固，和獅子座的陽性頑固就會引起衝突，很難製造出一種快樂輕鬆的氣氛。而兩人結婚之後這種歧異的現象也不會消失。買菜注重價錢的丈夫總是擔心妻子花錢不細心，而妻子注重生活的情調和氣氛，認爲丈夫太寒酸了。

性生活也不見得順當。丈夫認爲妻子在演戲，而妻子認爲丈夫不夠「意思」，假如這種不調和的狀態持續下去，妻子可能會尋求新愛人。

兩人如果要調和，首先需要有共同的朋友或興趣，由此展開話題，才能互相發現對方的善意。

◎山羊座男性↑↓處女座女性

兩者都是地性星座，能彼此在對方身上發現自己的理想和堅實的性格而產生吸引，他們不追求華美的生活和夢想，喜歡脚踏實地的去尋求生活。

處女座女性帶有女人纖細的神經，送東西也會想到對方的便利，卽使不是很豪華的東西，也足夠打動山羊座男性的心。

而山羊座男性說話不會誇張，「我月薪××，存款××，此外什麼也沒有了。假如妳認爲我可靠，嫁給我好嗎？」他的求婚就這麼坦白實在。

兩人的婚姻生活也很質樸實際，丈夫很努力賺錢，而妻子也能明白丈夫的愛心，二人共同創造一個明朗愉快的家庭。

夜生活也非常調和，處女座的害羞模樣，多少提昇了虐待性丈夫的快感。

●山羊座男性↑↓天秤座女性

不契合，只是肉體的相吸。

心不相印，只是肉體上的相吸。

誠實，但頑固又討厭說恭維話的山羊座男性，認爲天秤座的女性太社交化了，此外他也認爲天秤座的女性好講女人的蠻理，另一方面，注重人和的天秤座認爲山羊座男性是偏曲、頑固，又好打算的「陰性」的人物，就這樣互相心靈上的交流更形困難了。

儘管山羊座的男性說明他是如何的可靠，存款多少，地位多高，但天秤座的女性並不熱心。而不知道女人心的山羊座還錯以爲人家對他有好感，想更進一步的追求，而天秤座的女性就趕快逃避了。生氣的山羊座數一數約會所花的錢，也不算太多，內心又不那麼生氣後悔了。

結婚生活可說是精神上相離，而性生活稍能滿意。

○山羊座男性←→蠍座女性

有耐心、誠實又樸素的兩人，能互相體認共同的堅實而彼

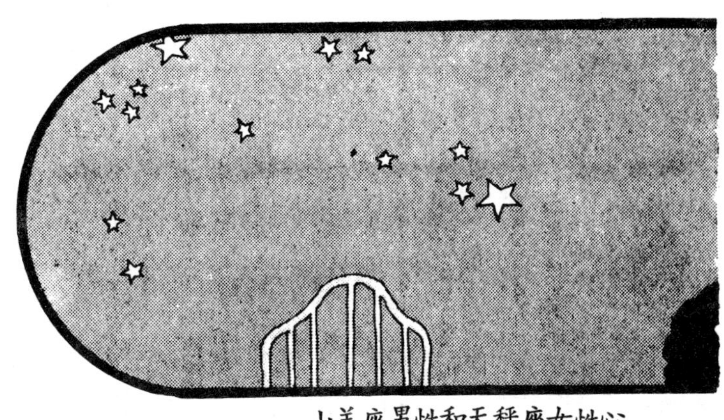
山羊座男性和天秤座女性心

此神交默契。

而兩人的交往也不想讓人知道，交往一深就更能互相吸引，男性認爲她有女性的情感，而女性也認爲男性的可靠。約會的場所也避開繁華的地方，大多在公園、景色幽美的名勝古蹟等地。

結婚之後兩人的生活不尚外表，是實際和謹愼的，存款也能逐漸增多。在這種和平的家庭中，山羊座男性有不少好色者，而蠍座女性的嫉妬心又特別强，稍有一點小事卽可能導致分裂。

夫婦圓滿的秘訣是夜生活要多彩多姿，精力型的丈夫能有長時間的行動，而妻子也能得到十分的滿足。

⦿山羊座男性↑↓射手座女性

這是普普通通的性相。

資質互異的兩人與其男女異性的結合，倒不如工作的協力者，或是保持生活之外的交際來得順利。例如，兩人共同在同一個文學雜誌工作，或是在學術出版事業方面，這樣的關係才有協調的可能。

男女關係的話，因爲山羊座很實在，他都以現實爲著眼點，而射手座的女性喜歡冒險，兩人生活信條差異太大了。結婚之後，妻子對丈夫的嚴格性格感到無趣，而丈夫也認爲妻子太不知收斂；丈夫相信忍耐和抑制，而妻子卻相反，假如受到束縛卽可能發生「變態反應」。這樣的兩個人在一起生活是很難配合的。

性生活也是乏善可陳，兩人沒什麼不滿，也沒什麼喜悅可言。

○山羊座男性↑↓山羊座女性

排斥與親近的性質各半，築愛巢也須努力才行。

收入比外表重要，這是山羊座的性格，而建立家庭之後他就會考慮老後的安定和保險，所以這兩人的經濟大概沒什麼問題。而且他們大都很踏實，一些需要功夫的考古學、藥學、化學等的研究，非常適合山羊座的性格。

家庭裡也是一樣，一些美觀的家具很少買，大多買那些實用，價錢便宜的，別人認爲這樣太無趣了，但他們夫婦倆卻不在意，而且也感到很滿足。

這個星座的性生活不是享樂型的，只是當做「安眠藥」，行爲終了時肩並肩進入夢鄉。

⦿山羊座男性↑↓水瓶座女性

這是吉凶參半的組合。雙方心中假如感到寂寞，爲了尋找慰藉，互相走在一起而已，大概無什麼發展可言。

口舌不靈活但考慮很深的山羊座男性對能言善道、富有理智的水瓶座抱著憧憬，但水瓶座女性對山羊座那麼不解風情和固執卻敬而遠之。這一點假如不注意的話卽可能走上離別之途。

結婚生活中，一般來講丈夫都是實利主義者，而妻子的求知欲和興趣所花的錢使得丈夫痛在心裡，假設妻子說明精神與物質的比率，一本書可換回二倍的錢回來時，丈夫心中又轉憂爲喜了。爲了維持美滿的婚姻生活，丈夫不能事事都以錢爲先，而妻子不失其聰明伶俐的「氣質」，互相容忍，開導，這樣才能得到和諧。

性生活方面很平凡，沒什麼激烈的感動。不會耽溺於肉欲的世界，也沒有空虛的倦怠期。

○山羊座男性↑↓魚座女性

大體上說來這是相似的兩個人。魚座女性注重世俗的禮儀，很通人情，結婚送禮的行情她知道得一清二楚，而愼重的山羊座丈夫也很感動妻子的溫柔體貼。

他假如要買馬票的話，也要買三種報紙來研判，不會隨便下賭注，而魚座的女性會靜靜的坐在他旁邊，寄以完全的信賴。而這個組合的山羊座男性大概都有「錢運」，妻子可以不用擔心經濟問題，她可以專心一意的關注孩子的教育。

但夫婦都有一點花心，也許會因一點小事而產生裂痕。性生活非常激烈，但也不必擔心是否異常，因爲這是二人自然的性格，所以卽使有擴張激烈時也不用操心。

○水瓶座男性↑↓牡羊座女性

這是中上的性相。

牡羊座的女性把水瓶座的男性當做是兄長或老師，很高興去接近，而水瓶座的男性也很親切的指導她。

牡羊座的女性喜歡看激烈的運動或球賽，而她做的料理，

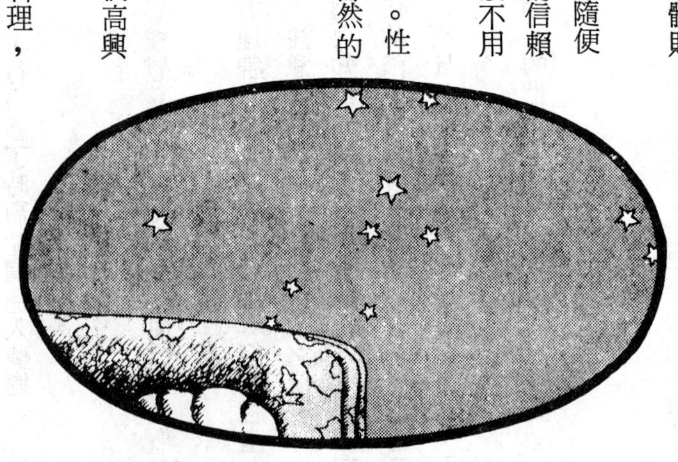

有如兄長般的傾慕。

如肉類等一定富有「野性」的味道。她所不滿的是他的泛愛主義，因為他並不對她特別殷勤。當他把她介紹給朋友之後，他就丟下她，而加入他朋友的陣營裡。或是約會時她等了很久，好不容易他來了，但身邊又帶了一位朋友，使她的獨占欲難以滿足。

性生活的主導權操在女性手裡，男性喜歡女性上位的方式，而雙方也能因此得到較多的快感。

●水瓶座男性↑↓牡牛座女性

兩者沒有共鳴感，幾乎可說是絕望的典型組合。牡牛座女性對水瓶座男性的第一個直覺是：「會不會被他騙去？」但是水瓶座男性也有他的說詞。他認為牡牛座女性反應遲鈍，拖拖拉拉的不乾脆，所以他總想替她作主。

結婚之後，這種傾向會更顯著。妻子用心的攢私房錢，他不給丈夫太多的零用錢，但是丈夫總是私藏一些「軍火」，最

牡羊座女性對水瓶座男性

後妻子還是不得不承認她被騙了。

牡牛座女性的「求生」方法是眼淚，而都市派的水瓶座嘴硬心輭，很怕女人哭泣，他不得不安慰她，而她馬上就趁機哭訴她的不滿。

在性生活方面，牡牛座女性有鼓動丈夫性欲的執著性，但精力較弱的丈夫有時是無能爲力的。

◎水瓶座男性↑↓雙子座女性

這兩個人是很理想的配對，假如遇上了要感謝神明。水瓶座和雙子座都是屬於都市型的人，互相保持兩人之間的秘密，又各自有自己的朋友，他們討厭束縛和執著。

而對性方面的態度也很大方，欲求一來能自由行動，結婚之後這種觀念也不會改變，爲了兩人的夫妻生活不致太單調，有必要保持一些異性朋友。

而且兩人全爲享樂而從事運動或性行爲，並不是爲了生孩子，雙方假如有了厭煩，說分開就分開，非常乾脆。

世人也許會以爲他們是多麼不正經的夫妻呀！但是當事者卻生活得相當滿意。

◉水瓶座男性↑—↓蟹座女性

兩人所居住的世界稍有不同，所以互相吸引的可能性也很薄弱。講話時常常發現對方並不瞭解，非經過幾次努力說明不行，讓水瓶座的男性覺得非常無趣，這是水瓶座男性對蟹座女性所把持的感覺。

雖然蟹座的腦筋反應也很快，但是她只考慮與本身有關的事情，所以當水瓶座男性與她接近之後，她反而會產生一種高傲和輕視的情緒。

而一旦有了孩子之後，女性就發揮她的頑固，只要孩子喜歡的她都很隨便的買回來，令丈夫非常擔心被溺愛的孩子將來會變成什麼樣子。爲了維持家庭的和平，丈夫負責孩子的教育，而妻子只要遵照他的意思卽可。

重視情緒氣氛的妻子，會受到丈夫甜言蜜語的鼓動而燃起熱情，雙方都是製造氣氛的能手，雖然平日感情平淡，夜晚的生活卻是非常充滿感情。

○水瓶座男性↑—↓獅子座女性

這是享受人生的組合，男性假如年紀大一點的話比較佔便宜。

水瓶座的男性是古典型的紳士，他的禮貌風度很能打動少女的心，而希望被服侍的獅子座女性就是喜歡這種殷勤的男性。

妻子喜歡外出，而且喜歡招待人，她的交際性是很活潑的。而回家時也不忘替孩子、丈夫買些禮物。家裡的洗刷清掃也很有辦法，作菜也有一手，通常只看她盤子上的料理就足以讓人垂涎三尺了。

她的缺點是浪費，沒有經濟觀念，每到月底就要克苦耐勞了。

性生活方面雖然感性弱，但喜歡刺激，因此兩人像天真的小孩一樣的嬉戲，也感到非常快樂。

◉水瓶座男性←→處女座女性

剛開始的時候情況很好，但接下去就變壞了。

吸引很快但不長久。

處女座的談吐非常惹人愛憐，又富有機智，水瓶座的男性

水瓶座男性和處女座女性

在一瞬間就會對她感到非常「新鮮」。但這只是短暫的，瞭解彼此的本性之後，互相就感到厭煩了。

假若兩人結了婚，他都要談一些大問題，譬如買棟新房子啦，住宅的環境要如何如何啦，但在她的頭腦就只關心存款夠不夠，將來收入、支出的問題等，兩人沒法協調同意。

而只有夫妻兩口居住的話也會增加傷痕，和丈夫的家人（或妻子）居住在一起的可能比較好。而在和親戚同住的環境中創造屬於兩個人的世界，以此來連絡兩人的感情。

性生活方面沒有什麼問題。而生理期間的作愛他們也認為不適合，一切都很正常，有時候不利用床而改在別的場所也能增加親近感。

◎水瓶座男性←→天秤座女性

這兩者就是不說話也能互相吸引。是最適宜的情侶，同時也是很好的朋友。

假設丈夫是獨創性的童話作家，他想出大綱，而富有美識的妻子卽能以優美的文章來完成一篇偉大的文字，這種組合是非常理想。

兩人並不適於在密室裡談情說愛，而是要和朋友一面談天喝酒，一面唱歌作樂之中培養起來的。

結婚後兩人可以創造新的事業，開推銷裝飾品或化粧品的商店最好，因爲兩人能獨創新品，招來大批的顧客。可是兩者不是很賣命工作的人，尤其妻子假如看到店裡有認眞工作的鄉村姑娘時，丈夫大概需要說明一下，免得產生誤會。

●水瓶座男性↔蠍座女性

拜倫（水瓶座）在舞會上遇見了嘉洛雷茵（蠍座），雙方有一段感情，後來拜倫離她而去，但嘉洛雷茵卻發瘋似的纏著他。冷漠又多情的水瓶座男性和執念深又多情的蠍座女性還是不要深交的好。

結婚的話男性還是利用出差的機會打些野食，而且向同事誇耀他的艷事。更糟的一點事，假如達到非分離不可時雙方又都不願意表示出來。而吵架也不是表面化的，而各自陰藏在內心裡的冷戰。這樣一來丈夫的工作情緒也一落千丈，妻子也不管丈夫孩子了。共同學習一種運動，或共同出資買些獎券，培養共同的嗜好和興趣大概稍可補救。

性生活方面較爲淡薄，而濃厚性感的妻子時有不滿足之感。

○水瓶座男性↑↓射手座女性

這是中吉的性相。水瓶座的男性會突然興起要出外旅行或登山，他相信人世間有比錢和地位更重要的東西。

同樣的，希望能自由行動，討厭規矩的射手座女性對敢與孤獨的環境挑戰的男性深抱好感，而射手座女性充滿熱情的笑容也令水瓶座男性不能自持。

兩人做爲夫妻的話比較有不和的現象，假如互相以自由的事業爲樂就不會感到困擾了。這個組合的兩人也不會儲錢蓄金，最好能買些股份，或不動產，這樣比較保險。

夜晚的性生活很協調，雙方都能嚐試新的刺激，也能互相誇讚對方的能耐。

⊙水瓶座男性↑↓山羊座女性

風性星座的水瓶座所吹送過來的種子將由地性星座的山羊座培養而成，開花結果，這算是協調的性相，但是也有危機。

這個組合的家庭生活沒什麼大問題，但是妻子很儉約，而丈夫交際很廣濶，所以丈夫保持一個人的世界，而妻子大多是在不瞭解丈夫的情況下幇助丈夫的。假如這個組合有危機出現，那是妻子喪失了自我的自信心。丈夫被人批評時，她都會想這是她的過錯，她沒有盡到勸解丈夫的責任，而感到畏首畏尾。

性生活方面次數很少，丈夫的愛撫使得妻子覺得她是幸福的女人。

○水瓶座男性↑↓水瓶座女性

這是步調一致的性相。互相心領神會，彼此有信賴感。

兩人在幽靜的咖啡廳或音樂廳談天說笑，從長髮的好處談到宇宙的開發，也不管桌上的咖啡已經冷了。

兩人的共有財產可說是廣泛的知識，所以不特別注意房間的佈置，而著重在心地的修養方面。對兩人來講，知識的追求是最好的消遣。但是上天不給人魚與熊掌，他們大概不會有什麼存款，兩個人的家是朋友集會的沙龍。雖然沒什麼錢，他們也覺得生活很充足。

性生活方面也很平淡，但也能滿足。

⊙水瓶座男性↑↓魚座女性

這是可有可無，普普通通的性相組合。水瓶座男性善交際，而魚座女性也很圓滑，兩人看起來似乎很親近。但是一到說再見的時候誰的心中都沒有留下感情。水瓶座的男性說話都是應景的，心中沒什麼特殊的感情。而魚座女性的話題都是鄰居、同伴的一些小事，兩人對話也覺得沒什麼意思。

兩人假如結婚的話，到人多的場所，譬如展覽會、百貨公司、宴會或是舞會地方較能加深兩人的感情。而魚座的妻子熱心家事和孩子的教育，假如丈夫不表明他對她的愛情，重視愛情的露骨表現的妻子可能會不高興。

性生活方面，被虐待性的妻子和平淡的丈夫之間要調和大概很難吧。

⊙魚座男性↑↓牡羊座女性

不知爲什麼兩個人相遇，不管好壞總算彼此認識了，這是偶然型的一對組合。

這像是作曲家和歌唱家的配合，或是取材記者和攝影者的關係，假如有什麼共同的因素就很容易接近。而假如兩人在漫步時遇到不良少年找碴，好强的牡羊座女性敢跟他對嘴，而魚座的男性膽怯，心裡跳動得厲害不曉得怎麼辦才好，他最好的辦法還是打電話給一一〇。

這種現象結婚後就變成丈夫把薪水袋原封不動的交給太太，而這種安靜，沒有野心的長處也使得妻子無法挑剔。

這個組合可能發生性倒錯現象。

○魚座男性↑↓牡牛座女性

兩者相遇卽能很快的親密起來，尤其是對高爾夫球、網球等運動有同好更是迅速。兩人都穿同樣顏色、款式的服裝，兩人的行動也一致。

魚座的男性親切、體貼，而牡牛座的女性老成持重，這兩個人的天性好像是兄妹一樣的親密。約會先在人多的地方盡情的歡樂之後再找一個安靜的地方互訴衷曲，愛的交換大概都離開熱鬧的市區，郊外的旅社最適合。

而兩個人的家居最好種有花草和樹木，因爲好沈思的丈夫

的交給牡羊座的妻子。

和穩重的妻子都需要這些情景，以培養情緒和感情。要注意的是，同情心强的丈夫很容易對他認為可憐的女性產生愛情。

而夜生活妻子所煩惱的是丈夫的興致，有心情時一個晚上兩、三次，有時候連續二個禮拜都沒動過她一根手指。

●魚座男性↑↓雙子座女性

這是離婚率很高的雙重性格的星座組合。

尊重合理性的雙子座女性認為夫妻兩人都有職業時，兩人分擔家事也是應該的，她提案早晚的煮飯、掃地、洗衣服、照顧孩子等兩人也要公平負擔。

而沒有興趣反抗的魚座男性，對什麼要求也都說好。他自己製造一個幻想領域，直到感覺出妻子有意侵犯他的世界時他才覺得厭惡。

假如兩人有深厚的愛情時，兩人可以共同保持自己的世界，夫妻分居，各人做各人喜歡做的事情，自己佈置自己的房間

魚座的丈夫會把新水袋原封不動

，這樣也別有一番情趣。

性生活方面雙方都是耐力型的，可接受長時間的刺激，得到很高的滿足。

◎魚座男性↑↓蟹座女性

這兩者的性相非常相配，連第三者都認爲他們一定能夠抓住幸福。

賢妻良母型的蟹座女性，對魚座男性的體貼溫和有好感，並且寄以很深的安心感，而只看人的長處優點的魚座男性，對蟹座女性的「女人氣質」也非常著迷。

兩者結婚後也不會忘記年青時的熱戀，偶爾會翻開往日的日記，兩人回憶往日的甜蜜。妻子對房間的佈置也非常用心，總是保持新婚的情調，只是丈夫對金錢的感覺比較遲鈍，妻子假如不特別「管制」，很有可能發生問題。而蟹座的女性大多無婚前性行爲經驗，對丈夫的性倒錯要求也恍若不知，只是以女性的態度接受而已。

◉魚座男性↑↓獅子座女性

這是稍爲沒有緣份的組合。獅子座在工作場所，一些後輩都叫她大姊，對流行時髦也相當有興趣，是自我表現型的女性。相對的，魚座的男性並不喜歡追求時髦，他希望的是矜持自重的女性。

魚座和獅子座最好是像朋友一樣，互相關心對方的生活世界，但還保持一個距離，假如結了婚，雙方卽可能因爲失去新鮮感，而尋找另一種新的關係。

性生活是女性壓倒男性，女方較無顧忌，而喜歡靜靜的享受高潮的男性可能會不喜歡女性的表現方式。

●魚座男性←→處女座女性

他們的關係好像是水火不相容，是離婚率很高的性相。

朋友一有困難，魚座男性一定想辦法幇忙，卽使自己沒錢也要借來幇助別人，假如有人請他當保證人，他也不考慮的就蓋章。替別人服務是他最大的樂趣。而處女座女性難免會爲「功利」著想，假如他的薪水增加二百元。她也高興得很。

處女座女性相信沒有「物質」的保證是寸步難行的，而魚座的男性卻有他的美夢生活。爲孤兒、殘障兒童的救濟不遺餘力的丈夫，和擔心今天早上吃稀飯，晚上可能要挨餓的妻子，可能不會協調才對。當然有決心是另當別論。妻子假如能體諒瞭解丈夫的理想，未嘗不能培養出白頭偕老的愛情。

丈夫強迫式的求愛。

而夜生活有些不一致，妻子有潔癖，而丈夫認爲身體的每一個部份都很淸潔。

◉魚座男性↑↓天秤座女性

兩者相處總有一點不自在，這是不能維續長久的性相。做爲一個戀人的魚座男性眞的很得女性歡心，但是他卻不知道要主動的送訂婚戒指給女方，連結婚的場所、費用也不曾關心，結果使得女性懷疑他的誠意，反而投到花花公子的懷抱裡。而天秤座的女性對別人的興趣也很冷淡，她不喜歡開口要求，也不做努力，結果使得雙方不了了之。

結婚之後也有非常協調的，依靠五官和情緒的丈夫能刺激妻子的被虐待性欲，雙方深得喜悅。

◎魚座男性↑↓蠍座女性

這是非常好的性相，而兩人的結合好像是由性開始的。魚

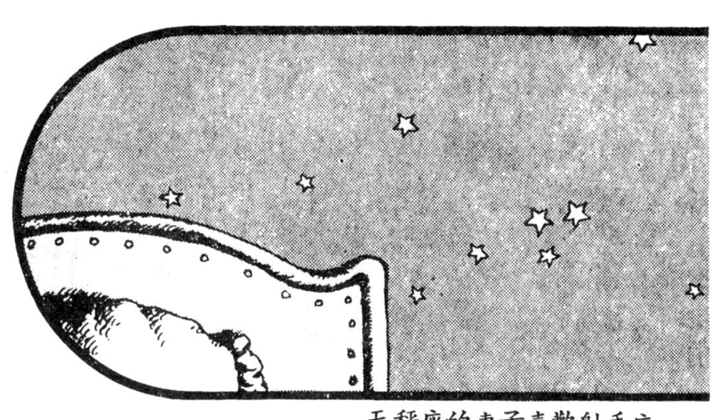
天秤座的妻子喜歡射手座

座男性白細的手指溫柔的撫摸女性的身體，兩人不需語言的交流，即能達到融合的境界。

二人的愛在四眼交接的瞬間即能迸發，而在湖邊，或靜靜的黑暗小屋是衝動的愛表示出來的最佳場所。但是蠍座的女性只傾心於比她優秀的男性，假如他事業失敗了，或是落魄了，她可能就會移情別戀了。這個性相組合的男性的責任是最重大的。

而男性的多情也需要注意。

●魚座男性←→射手座女性

雙方的感覺都很敏銳，別人認爲他們信心充足時，隔不到一炷香的時間他們又顯得意志消沈了，他們的心的振幅就是這麼大。

結婚後，喜歡外面，不喜歡裏面的丈夫可能培養不出家庭生活的樂趣，而妻子對丈夫也常抱有不滿。另一方面妻子想做什麼事她就做，不管別人怎麼說，而這樣使得丈夫覺得丟他的臉。最好丈夫能照顧家庭和妻子，而妻子也不可太固持己見，雙方取得調和才好。

而夜生活方面也有相異，妻子是白天型的，而丈夫是夜晚型的，雙方可以利用假日選擇兩人都喜歡的場所和體位做愛，這也是促進夫妻生活的一個方法。

○魚座男性↑↓山羊座女性

這也可以說是相當不錯的組合。

魚座男性不在意現在的生活狀態，而夢想著到世界各地去看看，而非常踏實的山羊座女性覺得他是天眞無邪的大孩子，「新婚旅行去夏威夷如何？」當他這樣告訴她時，現實的她就著手去存錢，訂下綿密的計畫，想要去實行。

相反的一面是山羊座的女性固執，所以妻子有導引丈夫的可能，變成婦唱夫隨。丈夫的想法讓妻子知道時，這個星座的

決定於他的成功。

女性都會和薪水收入聯想在一起，這是山羊座女性的共同點。

性生活方面相當順利。但是太安靜的性行爲對男性來說是有一點不過癮的。

◉魚座男性↑↓水瓶座女性

這是稍難配合的性相。看電影也會被戲中人感動得掉下眼淚的魚座男性是人情觀念很濃的，這一點就不是水瓶座女性所能理解的了。注重理性思考的水瓶座女性是和虛構的世界無緣的。但兩人的職業假如相同，也有一起生活的可能性，例如演員、畫家等靠專門的技能之競爭而培養出一種朋友的意識。

本來雙方是不相調和的，但是經過努力，彼此發現對方的誠意，也有協調的可能。而進入家庭生活之後也就不會發生風波了。容易插手幫助別人的魚座丈夫可能也會引起麻煩，而這時候就要靠有判斷力的妻子從旁協助建議了。

性生活方面也不見得很調和，不注重情欲和肉欲的妻子對

蠍座女性對魚座男性的愛是

丈夫的幻覺情欲很難配合。

○魚座男性↑↓魚座女性

這也算是調和的一對，彼此都有很深的同情心，能互相沈醉在彼此的夢想之中。

假如兩人之中有一方的性格較强就更好了。生活環境相似，在音樂、文學、美術、舞蹈、宗教，各種顧問團體、海洋關係等方面有共同的職業性質時可說是再好不過了。

魚座的習性是不離開人群，他討厭孤獨寧靜的地方，最好約會是在大都市人多的場所，兩人手牽著手散步也能得到快樂。魚座的妻子很關心丈夫和孩子，對自己的化粧品、衣服倒不在意，對自己喜歡的人不買最好的禮物就感覺不安。但同情有時候是和客氣有關的，假如對人太客氣有時候會對生活（或生命）產生不安。

性生活方面很和諧，只要手指觸膚卽能感到對方的愛意，而陶醉在幸福的感情裡。

2.男和男的性相

你為什麼不能和上司、同事、部下和睦相處？

◉牡羊座男性↑—↓牡羊座男性

富有極積進取精神的這一對組合，能發揮勇往直前，奔向目標的專注力，亦能增加獨創性和組織力。但是一旦目的達成之後，因爲雙方過强的性格，會各自堅持自己的主張，而造成深刻的對立。

這兩個人在工作上的配合時，技術方面有伸展的可能，而在經營方面，尤其是在人事或販賣方面可能會發生缺陷，不得不注意，而且假設是上級和部屬的關係時，因爲雙方黑白分明，正邪必分的性格，很容易指責彼此的缺點和過失，假如有什麼不滿產生時動輒大吵起來，不過雙方的本質是開放的，可以開誠佈公的商量，取得諒解。

日本名導演黑澤明和名演員三船敏郎卽就是這個組合，「羅生門」、「保鏢」等男性風格的名片都出自兩人的携手合作，後來因三船敏郎的獨立而分手，這可說是兩雄不能並立。

◉牡羊座男性↑—↓牡牛座男性

假如這兩人能開誠佈公的商量，取得協調，也是能順利發展的組合。

牡羊座的人以行動爲先，較少深思熟慮，而牡牛座較沈穩，他認爲牡羊座的人草率。這兩個人，一個是先思考後行動，一個是先行動而後思考，因此這兩個人做事以前需要互相商量一下。

假如兩人能取得協調，能夠互相取長補短，牡羊座假如能發揮他的決斷力和行動力，而牡牛座的人能發揮他的堅韌性，這兩人卽是很好的結合。

問題是牡羊座的獨斷和大膽常使得牡牛座頭痛。初交往時，牡羊座不能强迫對方接受自己的意見，要有沈著穩重的風度，而牡牛座的人也要聽聽別人的傾訴，發揮仁義之情。

○牡羊座男性↑↓雙子座男性

牡羊座看起來好像很粗野、無謀，顯出匹夫之勇的態度，相反的，雙子座的人是智慧型的外交能手，假如牡羊座爲主，雙子座爲輔的立場，這也是很好的配合。

但是雙子座假如自以爲自己很聰明而要些計巧，就會變成「老狐狸」，而牡羊座的任俠性格會看不慣雙子座的耍手段，而爆發他的野獸性格。

雙子座假如居上位時，牡羊座也很能迎合他的心裡，但是假如犯了過錯時，雙子座的上級就很難負起責任了。

而在交易的場合時，牡羊座很能表明自己的態度，而雙子座富有說服力和熱誠。要注意的是，牡羊座一根腸子通到底的性格不要讓雙子座的能言善道欺騙了。

●牡羊座男性↑↓蟹座男性

這兩個人一開始工作就時常爭吵，卽使是上級與部下的關係也時常惡言相向，要是同事的話情形就更糟了，他們是很難培養出友情的。

牡羊座一開始工作時連家庭都可以忘記，而以家庭生活爲中心的蟹座就和他相反了，因此生活信條完全不同的兩人是很難產生共鳴的。對蟹座來說，牡羊座的親切和同情心都是他的「自言自語」罷了，而牡羊座也認爲蟹座的人自私又小氣。

訪問蟹座的人時，牡羊座的人要避免太理智的說教態度，要動之以感情才有效果，褒獎他的孩子和家庭最能使他高興了。而蟹座訪問牡羊座時，最好能直率說明來意，不要顧左右而言他，這種曖昧不明的態度讓他感到不耐煩。

◎牡羊座男性↑↓獅子座男性

兩人相處在一起，雖然不常相見，不常交談，卻能保持高貴的友情。

兩人共同從事一種工作時，獅子座佔在領導的地位，宣傳、業務、交易、金融的確保等方面的事情都適合，而牡羊座將精力投注在商品的生產、技術的改善、販賣的推廣等方面。但兩人都很慷慨，交際費、研究費、設備費等要節儉一點。

牡羊座天性不喜歡阿諛，不喜歡講些客套話，但對獅子座卻不會忘記誇他幾句，而獅子座的人對他也非常客氣，「假如沒有你的話……」，獅子座把牡羊座當成左右手。有時候獅子座也是牡羊座的煞車器。

這個組合的典型例子是谷崎潤一郎（日本大文豪、獅子座）和佐藤春夫（日本詩人、牡羊座），佐藤愛上谷崎的妻子，最後兩人也結婚了，但谷崎和佐藤的友情至死不變。

◉牡羊座男性↑↓處女座男性

這個組合的兩人假如把個性顯露出來就沒有辦法順利發展，尤其是牡羊座要有同情心才行。

這兩人共同從事一種工作時，牡羊座居上位，而處女座居輔佐的位置，這樣才有可能成功。而處女座太注意細節了，所以牡羊座的人要把握大局。處女座注意一些小缺點，很在意別人的批評，所以牡羊座講話要小心才行。

假如處女座在上位時，牡羊座可能不會全心全力的發揮，而處女座也會覺得難以掌握部下。

交易時，對處女座要提出有關利益的確實數字，而對牡羊座的人要直率而言，開門見山，這樣才比較有效果可言。

◉牡羊座男性↑↓天秤座男性

帶有活力和攻擊性的牡羊座會被天秤座優雅的藝術氣質所吸引，但不久可能產生分裂。

牡羊座認爲天秤座優柔寡斷、騎牆派，是好空論的怠惰者，而天秤座也認爲牡羊座的人粗野、輕率、專橫。天秤座會服從牡羊座的强迫，但他的內心是帶著批評性的。假如這個組合不是男性，而是牡羊座爲男，天秤座爲女就非常好了。

兩者假如想保持良好的關係，牡羊座要謹愼，不可有粗暴語言行動，而天秤座也不要態度曖昧。在工作場所，牡羊座要承認天秤座的企劃、組織能力，而注意自己的輕率，另一方面，天秤座也要服從牡羊座的領導，承認他的領導才能和活動力，如此雙方才能發揮所長。

◉牡羊座男性↑↓蠍座男性

容易產生同性愛。

牡羊座的熱情和攻擊力可說是陽性的，而蠍座的熱情和攻擊力可說是陰性的，一個是太陽的火焰，一個是地獄的陰火。雙方彼此都是很讓對方「難過」的人物，兩人相交大概不可能維持長久。

而陰和陽相交時就好像兩種電流碰在一起，會產生激烈的火花，爲了和平相處，雙方不可衝動，也不可專斷獨行，我控制自己的缺點，承認對方的優點才行。

例如要和沈著和具有洞察力的蠍座交易時，要富有廣泛的知識和準備，而且也要調查他的興趣，假如想看他的態度和表現，這個契約永遠也訂不成，而對牡羊座要長話短說，擊中要害，先下手才有得勝的機會。

對牡羊座是單刀直入法才有效。

◎牡羊座男性←→射手座男性

這是很好的性相組合。豪爽、任俠性格的牡羊座不喜歡受

牡羊座和天秤座男性、

人支配，而射手座的人也不喜歡束縛人家，也不會人云亦云，他都是站在對等的立場，廣泛的視野，與人交往的。

而且射手座不但有牡羊座的行動力，他也是內省的、思考的人，不隨便與人衝突。雙方都富有正義感，講話不顛三倒四。因此兩人的關係就如在平等的立場，提出共同的理想，互相協力以進，可保持終生的友誼。

只是兩人都不善巴結，對金錢也不注重，所以比較不適於從事商業性的工作，學術、藝術、或者是社會事業方面較好。要注意的是，在交往深厚時，牡羊座也不可過份專制霸道。

●牡羊座男性↑↓山羊座男性

這是很難相處的一對組合。牡羊座的强烈陽性和山羊座的强烈陰性是水火不容的，雙方都不會給對方好印象。

富有義俠之心的牡羊座認爲山羊座是利己的、陰沈沈的人，而愼重的山羊座也認爲牡羊座輕率，好反抗別人，是很粗野的人。

假如牡羊座的人要去訪問山羊座時決不可說出自己的意見，也不要說些大義名分之類的話，要提出實際的計劃和交易的具體條件，也要禁止自以爲是的態度。

很不幸的是，要是交易的對象是牡羊座時，山羊座自己就感到退縮，往往不知不覺間採取消極，逃避的態度。

○牡羊座男性↑↓水瓶座男性

有實行力的牡羊座，和理想家型的水瓶座，互相都有必要對方的合作，而且也能順利發展的一對組合。

水瓶座擅長於說服力和組織力，而能爲理想奔走拼命的牡羊座富有行動力，這兩者如果能夠合作，可說是非常理想的配合。

水瓶座的人頭腦好，有創意，但欠缺實踐的能力，所以要把它委託給牡羊座的人，而且兩個人都很高傲、好强，這一點需要注意。

而在金錢方面兩者都無「小氣」的傾向，財政方面要找一個能節約的人來管理才行。

◉牡羊座男性↑↓魚座男性

這是稍爲不好的性相。牡羊座喜歡公開的、正式又大膽的活動，而魚座大都不喜聲張，喜歡暗地裡活動。因此這兩個人共鳴度很少，很難發現彼此共同的目標。

牡羊座男性的哀求。

兩人如果要順利，牡羊座要引起魚座的同情心，而魚座要以實際的話題和態度來應付牡羊座。牡羊座在爲過失煩惱時，魚座的人如果能不加以指責，默默的與他並肩齊步，給他些許的安慰，卽能恢復他的信心，而牡羊座自己也要注意，不能强迫魚座接受自己的意見。

◉牡牛座男性←→牡牛座男性

雙方能彼此互通氣息，很能了解彼此的性情，但是自己的缺點也好像是映在鏡子上一樣，彼此都很清楚的看透了對方，所以，他們很可能因爲一點小事就導致分離。

這個星座的同志假如從事一項工作，因爲保守和堅固，能成功，但是不適於從事發展性的企業。他們都是以可靠爲第一的，假如想賺錢的話，要找一個有企業才能和行動力的人參加才行。

雙方都知道彼此的優點和缺點，因此有可能合作得很順利

魚座男性很難拒絕

，但雙方都是慢動作型的，缺乏發展性的衝力，不過能持之以恒，不會朝三暮四。與人交易不會很快的下決定，但一旦下了決定就很少改變，能堅守信義。

⊙牡牛座男性↔雙子座男性

這兩人的性相是「地」與「風」，雖然沒有「水」「火」不相容那麼嚴重，但兩者不相合的因素也很强。

不管雙子座如何「吹」，地性的牡牛座總是不為所動，雙子座追求時髦、流行，而牡牛座總是固守以前的老想法。

假如牡牛座當社長、雙子座當總務的話，社長保有一定不動的經營理念，而總務對瞬息萬變的市場行情有一套因應和措施，能適合時代潮流，這種配合是最理想了，而融資信用方面是牡牛座較勝。

而雙子座對牡牛座不能「蓋」太多，因為牡牛座是遲鈍的性格，「吹」牛太過份了，反而會被他認為輕薄。

○牡牛座男性↑↓蟹座男性

雙方都愛好和平，又富有同情心，很少發生爭鬪的事。唯一要留心的是，牡牛座的頑固和蟹座的感情過多。彼此瞭解自己的缺點，互相規戒改進才有發展。

蟹座的人脾氣變化不定，但是本質上是很好的人，所以不必介意。談家庭的話題也能使他高興萬分，而牡牛座好吃，談飯食的話題可以讓他興致勃勃。

對牡牛座要用誠實、溫和的態度，急躁是沒有用的，而且感情也不可表現在臉上。越重要的話，在悠閒的氣氛中進行更能見效。

蟹座要尊重牡牛座沈著、悠閒的性格，而牡牛座也要體諒蟹座的感情豐富，彼此讓步才能達到協和的目的。

●牡牛座男性↑↓獅子座男性

這兩者卽使看到對方的長處也會認爲是缺點，牡牛座的愼重被他看做是遲鈍，獅子座的勇敢被他看成好出風頭，他們兩人很難和睦。

牡牛座出外應酬都選擇價廉物美的場所和飲食，而獅子座豪放，不計算自己口袋有多少錢，儘是選些價錢貴得很的東西。而這兩個人的性格迥異，假如發生議論時，兩人都固守己見，很難找出一個結論。

為了彼此和睦相處，牡牛座要以自己的謹愼，揣謀獅子座重面子、好出風頭的性格，不要與他計較，而獅子座自己也該檢點自己的虛榮和排場，不可過份浪費，而且也不可為自己的豪華來撐面子，譬如，可以把自己的功勞讓給牡牛座等，這種謙虛的表示是非常必要的。

◎牡牛座男性↑↓處女座男性

雙方都是「地」性星座，他們注重物質和實利性，不會追求虛幻的夢想。

這個組合假如是上司與部下、朋友，老師學生、或父子關係等，都是很理想的配對。

神經質又小氣的處女座，對牡牛座那種不為外物所動的，溫和的個性感到很可信賴。假如以牡牛座為主，處女座為輔的企業是最好的，牡牛座的沈著，加上處女座的細膩，可發揮無比的協調力量。處女座總歸是賢內助、參謀的任務，不宜反客為主。

雙方也都能認識對方的長處和缺點，雙方的交往不會有什麼困難。只是雙方對金錢的觀念很强，不能善用金錢，交際也欠圓滑，所以與人交際時，不可太注重金錢和物質的利益，能恰到好處最好。

男性可說是「賢內助」。

◉牡牛座男性←→天秤座男性

一個是固執的牡牛座，一個是優柔寡斷的天秤座，他們要互相理解是有點困難的，但是他們的主星都是金星，所以也有步調一致的可能。

兩人愛好美的事物，有共同的興趣等，更容易促進雙方的協調，譬如美術的研究或鑑賞等，都有助於他們的友情。

尤其是天秤座不喜歡談金錢的問題，而對牡牛座就要把這一點講清楚，相反的，牡牛座要結交天秤座時卻不可表現自己對金錢的關心。不管如何，重視現實的牡牛座認爲天秤座的藝術趣味只是畫餅充飢，於事無補的。

假如兩人有五萬元的收入，牡牛座會把它存起來，而天秤座會趕快去訂做一件西裝，要瞭解這種性格差異，雙方才有可能協同一致，開創事業。

對牡牛座男性來說，處女座

●牡牛座男性↑↓蠍座男性

雙方執著心都很强，亦有忍耐力，而且嫉妒也很深，這種性格很難相容。牡牛座是和平的，而蠍座是好戰的，這兩人假如發生裂縫，就很難消除，而且兩人的嫉妒也是造成分裂的原因。

牡牛座不會暗地裡打算，不過做事也很謹慎小心，而蠍座的陰沈和謀略都使他沒有好印象。假如蠍座想跟牡牛座打交道，蠍座不能使用計謀策略，要用隨和、光明的態度才能打動他的心，而對象是蠍座時，牡牛座不能太散漫，不可完全信任蠍座的話，要揣測出他話背後的意義。雙方要如此瞭解，才能取得協調，彼此有一個認識免得發生不必要的誤會。

◉牡牛座男性↑↓射手座男性

牡牛座的本性是忍耐和不動搖的信念，這是自由的射手座所不能瞭解的。另一方面，知識比物質更重要的射手座，對現實的牡牛座是不會產生太大的關心的。

這樣的兩個人一同做事，射手座的放縱被認爲是自私自利，而牡牛座的愼重被看成是遲鈍，假如雙方能瞭解彼此的長處，而且尊重對方的優點，也就有協調的可能。學術出版的職業是最適合他們了。

對牡牛座要事先跟他打個招呼，而且現實的條件和物質的利益要講淸楚，而對射手座要實話實說，長話短說，開誠佈公，這才是最快達到目標的方法。

◎牡牛座男性↑↓山羊座男性

山羊座的實際和堅實的生活態度很能得牡牛座的共鳴。而欠缺開拓精神的牡牛座可以由富有企業長才和野心的山羊座來補足，這兩個人可說是很理想的配對。

這兩個人假如共同組織一個公司，誰來當領導都沒有關係。牡牛座的話，有寬宏大量的胸襟，而山羊座的話有獨立、自尊、和企業性的野心。

對付謹愼小心的牡牛座，要他同意需要一段時間，而山羊座的純樸、誠實的態度能給他安心，但是山羊座很吝嗇於「破費」，所以往往給別人一種吝嗇鬼的印象。

律己甚嚴又不肯花錢的牡羊座也不是可以馬虎打發的，理曲或空想的話不見得能騙得了他，假如想得到他的歡心，可先調查他需要什麼東西，再買了送給他，必定能使你們之間的談話順利進行。

●牡牛座男性↑↓水瓶座男性

這個組合之間，雙方難以相容的因素太多了。

對恬淡寡欲，重視知識的水瓶座來說，沒有比牡牛座更遲鈍、呆板的對手了，相反的，對牡牛座來說，水瓶座是過份強詞奪理，又好誇大其詞的人。在職場或家庭裡這兩者也很容易發生衝突。麥克阿瑟將軍（水瓶座）反抗杜魯門總統的命令，因而丟了最高司令官的地位。

這個星座的性相假如想順利的話，水瓶座不要抵觸對方的頑固和好勝心，而且也不要太固執於自己的好惡。水瓶座不注重金錢的性格倒是可以利用，買些東西巴結愛好受益的牡牛座。這樣可能收到預想不到的效果。

而牡牛座自己也不可以利益為先，要考慮到貢獻別人和社會，這樣才能互得其利。

○牡牛座男性↑↓魚座男性

親切又富有常識的魚座，和穩重的牡牛座都適合於有關感覺、直感的職業，兩者有這個共同點。

牡牛座的頑固對魚座來講是可資信賴的穩重，而神秘感的魚座也使得牡牛座非常憧憬。牡牛座的實際性格可以從事踏實的企業，而且雙方誰做主從都沒有關係。魚座對籌調款項的實際問題比較弱，這要牡牛座來協助。

而和魚座打交道時，講話內容不能太乾燥無味，也不能太露骨的說出利益問題，要故做迷糊狀；相反的，現實性格的牡牛座，對他要提示具體的方案，言明利益條件，這樣才能迅速達到預期的效果。

而且雙方要保持正確、穩定的信念，不能違背雙方的約定，否則友誼卽要破裂。

◉雙子座男性↑↓雙子座男性

這個組合假如從事對大衆的知識傳播，或情報傳播事業時

很容易互相推諉責任。

，可說是很好的組合。譬如學校、出版社、或觀光旅行社等，他們的機敏，對世相的敏感，或是學習心、好奇心都比別人強一倍，所以這兩人能協調的話，其事業前途是無可限量的。

但是兩人也都易熱易冷，容易半途而廢，或分心到別的事情上去，所以兩人很難維持長時間的友情，今天兩人有共同的目的，明天可能就改變了。

這個組合的最大問題點是，兩人都難耐困難，很容易意志消沈或是中途變卦，他們需要有堅實的協助者，像牡牛座那種性質的人最適合了。而且，雙子座之間也很容易取得「交易」，但雙方的約定要有表面上的證明，口頭約定是較不可靠的。

⦿雙子座男性↑↓蟹座男性

兩者對知識、語學、和傳播事業等方面都有濃厚的興趣，有這個共同點，所以他們之間的協調是很有可能的。但是雙子座容易見異思遷，蟹座性情也易變，兩人有這種缺點，所以很

雙子座男性和蟹座男性

讓四週的人困惑。

用人的時候也很喜歡挑剔別人的毛病，反而姑息自己，這一點要特別注意，尤其是不可互相推諉責任。

在男人的世界裡，歇斯底里是百害而無一利的，牢記這一點，對雜誌等的編輯、刊行等都是很好的搭擋。

雙子座的人很會製造氣氛，這可以刺激情緒低落的蟹座。對雙子座要保留一些話語，喜好厭惡或歪理不能表露得太明顯。蟹座是感情中人，心中的情感馬上會表現在臉上，因此敏感的雙子座要能馬上窺知他的情緒動態才好。談話的時候，也不要讓對方感到退縮，不感興趣也要耐心的聽他說完。

◉雙子座男性←→獅子座男性

這是普通的性相，但假如獅子座握著主導權，而雙子座輔佐他，這樣也許能成爲天下最好的配對。

急躁又孤獨的獅子座，當了老板會高興，雙子座也好應付他，但是，獅子座的大方慷慨，則使得反不善於商場的交易，而這一點雙子座的人可以補救。

這個立場假如改變了，獅子座不能滿足支配欲，可能會故意搗蛋，妄自尊大，因此獅子座要留意這一點，不要給雙子座壓迫感。而且雙子座的內心也很難窺知，這一點獅子座要努力，雙方才能取得協調。

總之，雙方要克制自己，不能太自私，為對方想一想，這樣雙方的友誼才能持久。

●雙子座男性↑↓處女座男性

兩者性質雖然相似，但很容易發生反駁的事情，這可說是稍有困難的性相。

處女座認為雙子座是口舌銳利的人，也是嘴巴上說說，其內心眞象如何不得而知的傢伙，而雙子座的人也認為處女座是囉嗦，小家子氣的男人。神經質，容易受環境影響，缺乏自信的雙子座，和機敏但缺乏獨創性的處女座，他們的缺點和優點大概都相同，正像討厭別人穿跟自己一樣的衣服或打扮，他們也很容易彼此討厭對方。

假如有個機緣讓他們交往在一起，互相瞭解對方的內心眞意，倒有可能成為朋友，甚至好得使人認為他們是同性愛關係，但這是特殊的例子。一般上講起來，兩人能理解對方的本質，大家井水不犯河水，保持一段距離，這樣也許比較能夠和平相處。

太親密時會得到反效果。

◎雙子座男性↑↓天秤座男性

雙方都是通信感覺發達的星座，是很好的性相組合。敏捷的現代感，和對藝術的嗜好等都很一致，兩個都是才子，一見面就高談濶論，充滿理智的雰圍。

這兩個人假如要一同從事工作，最好選擇藝術的、感覺的職業，例如，美術、音樂、文學、評論等，這是最適合的配合。

雙子座是腦筋轉動很快的人，天秤座講話要速決，不要拖拖拉拉，而對天秤座的人也不能提到金錢的問題，要婉轉一點，才不會令他感到迷惑。雙子座的能言善道能使雙方很快的得到結論，不過，製造輕鬆愉快的氣氛也非常重要，不要太過嚴肅。

◉雙子座男性↑↓蠍座男性

口若懸河的雙子座和沈默的蠍座，假如有共同的目的，也

射手座男性和雙子座男性

有可能步調一致，但是法國作家沙特（雙子座）和卡繆（蠍座）之間發生的爭議終於使他們的友誼寫上了休止符。

假若雙子座的上司是蠍座的話，要如何才好呢？對這個沈默寡言的上司總會感到一點緊張吧。你假如給他一點不好的印象，他永遠都會記著，尤其對這種敏銳的洞察力的上司，不可欺騙他，要確實和勤勉的工作才能得到他的信任。

相反的，雙子座是上司的話，蠍座絕對是閉口不言的，因爲他究竟不是他的對手，假如上司挑剔他時，他也唯唯諾諾，等訓話完後他考慮自己是否哪裡錯了。

打交道時，對蠍座要言簡意賅，以誠意來表示才有效果，而對雙子座的人講話要有要領，一針見血，絕對不能讓他起疑心。

●雙子座男性↑↓射手座男性

這個星座是位在天球的兩極，剛開始可能有吸引力，但太過接近時也會導致分離。雙方都喜歡變化，不喜拘束，雖然起初會共同一致，結局終會各走各的路。

雙子座能機敏的捉住對方的心意動態，並且想辦法來應付他，而射手座的人也會看穿他的心意，但並不想改變自己。

常識人的雙子座和超越常識的射手座很難順利發展，射手座的上司雖然不能很週到的照顧部下，但爲人親切。假如雙子座認爲他是神經質的人就糟透了。他是想被別人認爲他是男人中的男人。

另一方面，喜好理性的雙子座是上司的話，射手座的服裝、儀容、外出的時間、目的地等都要注意，不能太迷糊。

◉雙子座男性↑↓山羊座男性

這是本質上沒有吸引力的同志，最初卽使裝著有所共鳴的樣子，最後也會因雙子座的太過火和山羊座的利己心而導致明顯的厭惡。

對金錢的借貸的看法，雙子座認爲朋友理該如此，而山羊座卻很認眞，他認爲借歸借，還是非償還不可。這兩個人需要自我克制，不能太令對方難堪才好。兩人一同做事時，雙子座對山羊座不能太過份和多嘴多事，而山羊座自己也不要關在自己的世界裡，應該心胸開濶才好。否則，不管雙子座有多麼好的點子，也要被山羊座抹煞，而雙子座也不會知道山羊座有心交他這個朋友。

◎雙子座男性↑↓水瓶座男性

雙子座的機智和水瓶座的理解是暢快的調和，可說非常的配對。

二人協力組織傳播、電波、光學或有關天文宇宙的事業和法人的組織最好。或是有關上列事物的評論出版機構也非常有發展。而他們之中誰當上司都沒有關係，機構假如擴大的話，水瓶座爲主，雙子座爲輔也非常理想。

水瓶座不會故意害人，很公正，但也有頑固的地方，因此雙子座對他，首先就要製造氣氛，然後再慢慢輕鬆地進行卽可成功。

而水瓶座對雙子座的心理準備是，定約要迅速，而且要確實的記錄在表面上。

●雙子座男性↑↓魚座男性

雙子座擅長商業才能，頭腦靈活，而理論不清的魚座對他來說是很難讓他信賴的對手，相反的，對魚座來講，無可挑剔但欠缺溫暖的雙子座是毫無趣味可言的人物。這種配對假如一同擔任

交往時會得神經性胃病。

工作，早晚會有分裂的危機。

在公司裡面這個組合假如想相處愉快的話，雙子座要溫柔一點，而且口無遮攔也是禁忌。可以說些不平和寃枉的事，和他商量，以引發魚座的同情心。

應付雙子座的話，魚座的曖昧的態度是禁忌，而談到一生的遭遇時，因爲雙子座不會成爲同情者，所以話要在像談論商務一樣的氣氛中進行才好。

◉蟹座男性↑↓蟹座男性

因爲是相同性格的人，所以兩人持有共同的目的或事業時能互相理解，不必要多餘的語言，但是一旦其均衡力消失時卽會產生不和。

雙方都是感情重於理性的人，性情不穩定，所以身邊最好安置一位理智、客觀的助手。蟹座是家庭主義者，對家族有很熱烈的關心，另外一方面他又好遊蕩，一旦嚐了甜頭就很困難

蟹座男性和獅子座男性

控制。瞭解蟹座這種癖性，談話之中可以混入家庭或家族的話題，這樣會較有效果。而口頭約定有點不可靠，這一點要留意。

這個配對適合於從事婦人用品、家庭用具、消耗品、育兒用品等的製造和販賣，在這些職業關係上都能發揮潛力。

⊙蟹座男性↑↓獅子座男性

因爲這是水與火的星座，很難和諧；但他們也沒有激烈的對立或競爭，可說是中下的性相。

一般說來，神經質的蟹座都遭受無神經的獅子座的壓力，蟹座會陷入焦燥和欲求不滿之中。蟹座爲了排解他的焦燥，可能會出口諷刺，但豪放、磊落的獅子座常不會在意。假如獅子座在意了，他會用惡作劇，或是傲慢的行爲來回禮，這樣一來蟹座可能會得神經性胃病。

爲了彼此和平相處，蟹座要放棄虛名，只求實在，工作或遊戲時都要以獅子座爲上位，好出風頭的獅子座只要受人注目卽能滿足，假如事業或賭注有賺的話，其利益大都歸蟹座所有。獅子座假如不改變他妄自尊大的態度的話，實際上受益的大槪都是要讓給蟹座。

◉蟹座男性↑↓處女座男性

這是平穩，又稍微小氣的同性組合。假如能發揮蟹座的博學和處女座的分析能力，也可以順利發展。

時常有新點子又富有企業之才的蟹座假如握有主導權。而謙虛，富有分析力，實務之才的處女座站在輔佐的地位是最適宜的。

性情易變的蟹座和對小事情神經也會緊張的處女座，這兩個人遇到重大事情時，很難把握緊要之處，往往讓機會逃走，這一點需要注意。

公正又好批評的處女座有時顯得很無情，這對追求溫柔的蟹座來說是太嚴苛了一點，不過他們兩人也能互相標榜，同聲唱和。出外遊玩時不讓蟹座花錢，或者讓他帶一點東西回去，這都能使蟹座感到非常快樂。

蟹座要注意自己的性情，不可因爲生氣而出了金錢上的錯誤，會計上的報告假如出了差錯，會使處女座感到不快，一起外出時，費用最好均攤，或是各人出各人的。

●蟹座男性↑↓天秤座男性

重理智的天秤座和重感情的蟹座從開始就有很大的差異，他們是不能和諧相處的。

和誰都能交往，但都不能讓誰滿足的天秤座，會對蟹座那種強烈的好惡態度採取冷靜、批評的眼光。而蟹座會認爲天秤座是冷酷的人而離他遠遠的。要是這兩個人不得不「交流」時，天秤座要溫柔一點。因爲蟹座對和自己有相同想法，一樣嗜好的人會有好感，所以從政治、思想談到流行的問題，看他興趣在哪裡，再利用蟹座喜歡保護別人的心理，一定可以達到交易的目的。

對天秤座而言，蟹座的阿諛是沒有用的，對天秤座要用正直的、客觀的態度才能得到他的同意。天秤座對蟹座的小過失都會在內心做嚴厲的批評，卽使他表示友好的樣子，也不可得意忘形。

◎蟹座男性↑↓蠍座男性

這個組合不管在什麼關係的情況之下都非常好。雙方都是情緒、感情性的星座，蟹座的大衆性和保護本能，加上蠍座的忍耐力和敏銳的洞察力是如虎添翼的。

做事業時，以蠍座爲主，蟹座爲輔，而對外的活動以蟹座爲主較好。事業的種類以爲大衆服務的部門爲佳，如運輸、汽車行、旅社、觀光服務性質的事業較爲適合。

和蠍座打交道時，因爲他是非常愼重的，所以蟹座非要運用各種策略和計謀不行。而蠍座要和蟹座打交道時，單只口頭約定還不行，最好要有書面證明，而蟹座也是很好招待的人，稍微招待他一下也能得到他的歡心。

◉蟹座男性↑↓射手座男性

火性的射手座和水性的蟹座在基本上是互相排斥的。但是喜歡解放，不喜束縛的射手座很寬容，而蟹座又如善良的小市民性格，所以兩者和諧相處是很有可能的。

這兩人假如在利害不同的環境卽能共存，但是在利害相同的環境時卻有點困難。例如，同一公司的社長、副社長、上司與部下的關係時，射手座那種不受約束的性格卽是致命傷。射手座也不可責備以家庭爲第一的蟹座不夠努力。

相反的，蟹座也不可要求射手座替他辦些麻煩的手續，或是金錢上的斤斤計較，這些瑣碎的小事都會令他感到不耐煩。招待射手座去打高爾夫球或乘馬，招待蟹座去划船或釣魚，都能加深友誼。

●蟹座男性↑↓山羊座男性

這兩個星座是位於天球的兩極，是分離與對抗的位置。

沒有情緒化的山羊座是現實利益主義者，而蟹座卻是憑感情的好惡來決定事物的。忍耐、不屈、愼重的山羊座，和變異、智略、獨裁的蟹座，這個組合有如水與火之不能相容。

最初雙方可能因發現對方有自已身上所沒有的性格而互相關心，但交往一深，那些不相容的部份卽會產生衝突，而導致分裂。

假如對方是山羊座，蟹座決不可以表現出易變的性情，對方是踏實的、樸素的山羊座，一些空泛和華麗的謊言對他都是禁忌，最好不要出口。而對方是蟹座時，山羊座的多疑、壞念頭都是阻礙友誼的東西，最重要的是要承認對方的興趣，儘可能的與其同樂。

◉蟹座男性↑↓水瓶座男性

相互之間的興趣所在不同，這是沒有互相關心的一個組合。年齡相近的兩個人，沒有爭吵，也沒有友誼，大都屬於這個組合。因爲他們沒有很激烈的衝突，所以彼此假如能保持一段距離，不挑剔對方的缺點，也能和平相處。

假如他們不得不打交道時，蟹座講話不要老是提到家庭，而水瓶座的話題也不要老是賣弄智慧和想法。在公司裡面，也許因爲水瓶座的個人想法，他會留在公司裡工作，直到深夜還不回去

相投可能會有輕率的行為出現。

，而蟹座是家庭第一，要他留下來加班是很困難的，他大都是下班後趕快收拾回家——由此差異，他們的關係可能就會不和了。

◎蟹座男性↑↓魚座男性

雙方都是親切又深情的追求「和」的星座，所以他們能確保永恒的友情，互相得到友誼的慰藉吧。

實際又聰明、浪漫的蟹座和沈溺於瞑想之中的魚座，都是水性星座的情緒，能彼此了解對方的感情。

蟹座性情易變易怒，有時候也容易變成獨裁者，但對喜歡他自己的人會興起一種保護的念頭，魚座假如能抓住這個癖性即能得到他的歡心。

而對神經質的魚座不可有嘮叨，因他情緒和感情都很脆弱，可以帶他到昏暗、氣氛好的咖啡店或西餐廳，緩緩的商談，你的交易成功的希望很大。

獅子座男性和射手座男性假如臭味

◉獅子座男性↑↓獅子座男性

獅子座本性寬大，又帶有童心，另半面他又很頑固，誰都想支配對方，因此這個星座的兩個人會因爭名而爭鬧不休，彼此的傲慢和虛榮心，使他們對立。

假如這個組合的兩人同在一個企業，而且位居社長和副社長時可說是兩頭雄獅，雙方都頑固，一點也不屈就，這個可能產生派閥之爭。但兩人有完全相同的理想和目的時，也可能團結一致。而雙方都不是理財的料子，企業可能有陷入財政危機的危險因素存在。

獅子座是自傲和自信的人，因此雙方誰也不要對誰有輕視、嘲笑的行爲，己所不欲勿施於人。依此態度行事大概可以非常順利才對。

◉獅子座男性↑↓處女座男性

這是不太能發生共鳴的配對。

時常獨斷獨行的獅子座會使處女座更加內向和退縮，而導致不滿的增高。

雖然這樣，在共同的目的中，獅子座爲首，處女座爲從的立場也不是不可以，只是獅子座的上司四周會集滿拍馬屁的人，而喜好批評的處女座會被他討厭。

和獅子座的人打交道，切記不可太神經質，下決心要迅速果敢，不要畏首畏尾，模稜兩可。

和處女座的人打交道時，不可採取壓迫的態度，要緩和穩靜才行。而時間要正確，約會場所要清潔幽雅，這樣他才會有好心情跟你談生意。一些細節再留給參謀或部下去討論。

○獅子座男性↑↓天秤座男性

這兩人雖然共通性很少，卻能互相吸引，眞是令人費解。獅子座的粗獷、豪邁，和天秤座的端正，初看之下好像完全相反，可是這正是磁鐵的正、反極一樣，能互相吸引。而且天秤座喜歡獅子座尊大的背後所隱藏的孩子氣，而獅子座也喜歡天秤座的思路整然有序和他的判斷力。假如兩人携手合作，獅子座的行動力和意志力可以實現天秤座的企畫和創意，而從事政治團體、貿易、遊戲娛樂場所等職業最適宜。

天秤座假如和獅子座合作的話，要儘量出點子，發明創意，越難實現越好，因爲獅子座的行動力是在困難之中才會發揮潛力的，越受刺激他越是銳不可擋。

●獅子座男性↑↓蠍座男性

被燈光和掌聲所包圍的獅子座，和隱藏實力，很小心的看著外面世界的蠍座，他們是很不容易協調的，兩人也不希望攜手合作。

假如他們兩人是同事，獅子座常認爲蠍座是陰險、執念又很深的人，他看不開；而蠍座的人認爲獅子座虛榮心强而輕視他，因而公司的人事主管常常注意他們。

不幸的是上司假如是獅子座的話，最好儘量保持個人的交往，回家的時候請他喝一杯，或是親近他的家人。而且和他交易時，要誇奬他，拍馬屁他最高興了。但是這要出於善良的念頭，不可心懷不軌，有企圖的話將使你陷入危險的境地。

對象假如是蠍座時要有誠意，因爲蠍座也算是策略家，他是很仔細和精明的。

◎獅子座男性↑↓射手座男性

這是最好不過的性相組合了。

雙方都是火的星座，火上加火燒得更旺盛，雙方彼此刺激活力。射手座的直率和友情，獅子座的出風頭和誇張都包含著孩子氣的善意，因此帶有正義感的兩人能信賴對方，協同一致完成目標。

獅子座和射手座假如太意氣相投，不多加深思考慮，可能會犯了輕率的匹夫之勇，這一點需要注意。一些初見面就情投意合，越談越高興，頗有相見恨晚之意，甚至大寒夜、深更半夜的也登門造訪，使得女主人臉色不好看的大都是這一類型的組合。

但是這些兩人共同導致的失敗或輕率並不會影響兩人的友誼，反而要注意因周圍的人嫉妒所產生的困惑。

◉獅子座男性↑↓山羊座男性

開放的，要當老大哥的獅子座，和用心深沈的山羊座是不能和諧相處的，在一起喝酒時也可能感到無趣或有可能發生爭

男性在酒席上會吵架。

吵。

山羊座認為獅子座的裝飾外表是虛榮心的表現，而獅子座也認為山羊座的樸素是吝嗇而輕視他。但是假如兩人有同一個目的而携手合作，獅子座的粗雜加上山羊座的綿密可發揮强有力的政治力。

獅子座討厭陰沈沈的氣氛，山羊座要明朗的表示友好態度才好。如果在公司而獅子座又是上司時，山羊座儘快把事辦好儘快回家並不太好。要知道獅子座喜歡招集四周的人在他身邊，稍微與他交往才好。

●獅子座男性↑↓水瓶座男性

這兩個人宿命上是在不相容的星座下誕生的。性情不定，喜怒哀樂激烈的獅子座，和理性為勝的水瓶座，表現出來的完全是相反的性格，雖然因為偶然而認識了，但彼此不會有特別的感情。

山羊座男性和獅子座

而且交往一久，雙方各自行動，但不久因獅子座的專橫和命令口吻，使得水瓶座覺得很不愉快。另一方面，水瓶座持有的歪理和不合作的態度也很令獅子座掃興。雙方又都不讓步，這眞是絕望的組合。

雖然這樣不樂觀，但是很意外的，在男與女異性方面的話卻很順利。這個異性的組合可以給它啟示。就是水瓶座要像「女性」一樣的寬容和忍耐，用「腹話術」那樣的方法來操縱獅子座。

◉獅子座男性←→魚座男性

火的星座和水的星座，感覺上會有縫隙，這可說是不太穩固的組合。

率直行徑的獅子座，和喜好微妙的陰影那種感受性的魚座，在感情上到底有一點差異。兩人一起行動時，魚座總覺得自己的心意被糟踏了，而獅子座總認爲對方是累贅，更糟的是，兩人有可能發展出主導權的爭奪。

但獅子座卻有小孩子似的多愁善感，而魚座又是同情心很强的星座，利用這點，他們可能製造互相安慰的氣氛，而得到心靈的交流，但不是那種哀傷的安慰，而是勉勵的、鼓勵的。

◉處女座男性←→處女座男性

這是很難有進展的組合。

心思細密、批判心又强的同性，適合於銀行、報導機構、教會等，尤其是清教徒式的，過份整潔嚴肅的氣氛總是令旁邊的人屏息凝聽。

不苟言笑，非常正經的處女座喜歡批評對方的缺點，對方稍有一點差錯，就會放在心上，也可能因一點小事而發生爭端。因此，這兩個人要儘量以寬大的胸懷對待他的朋友。

處女座富有機智，擅長於商業之才，交易的時候要直接坦率的陳述自己的心意，場所可在事務所裡面，或商店街的飲食店、工作場所的一角也可以。

◉處女座男性↑↓天秤座男性

他們之間不會產生强烈的對立，但也沒有吸引力，這是可有可無的性相。

雙方的批判精神都很旺盛，可能會因批評而起衝突，日常生活上的細節不和諧，重複既久就不能一致了。因此雙方假如合作，即使表面上非常平安穩定，私底下卻是牢騷滿腹。天秤座會參考周圍的意見而做公平的批判，但處女座認爲他是討好任何人的好好先生，圓滑又空口說白話，沒有實行力。

目的一樣時，雙方負責的任務也要不同才好，例如天秤座是設計，處女座是製作，這樣協調

合作的話可以挖到鑛山。

才行。天秤座不可缺少藝術的氛圍，而處女座不可缺少利益。

○處女座男性↑↓蠍座男性

細密又神經質的處女座，和沈著性格的蠍座，能建立質樸堅固的友誼。

蠍座所帶有的認識力和批判力是比處女座更為顧全大局的，但不會傷害處女座的神經。這個配對從事醫學、科學研究或市場調查等最為適宜。尤其是財團法人組織，由權力者出資，金錢方面的來源也就沒有問題了。

要注意的一點是蠍座不要默默不言，處女座也有必要引誘他講話。蠍座好像是不太愛講話，但對自己喜歡的話題也會鼓起雄辯之口才，這是蠍座的特徵，因此，首先要選擇他有興趣和想研討的題目，這樣才會誘發他的口舌。

●處女座男性↑↓射手座男性

山羊座男性和處女座男性

這是規規矩矩，毫無趣味的組合。

正經嚴肅的處女座看不慣心浮氣躁的射手座，而不喜歡被束縛的射手座也不能忍耐處女座的一板一眼，雙方共同做事時，射手座認爲交際費和研究費越多越能成功，而處女座總想以最少的經費得到最大的效果，由此看來他們是要產生對立的。所幸他們趣味或適性不同，很少在同一個工作崗位或團體中見面；要是在一起時，公司人事主管或學校的社團要把他們分離才好。

假如彼此要和睦相處，處女座的精打細算不要表現得太露骨，射手座只要保持最低程度的仁義，兩人的關係卽能獲得改善。

◎處女座男性↑↓山羊座男性

雙方都是地性星座，樸素的勤勞家，對數字有專長。山羊座的企業和組織之才，他有統率者的才能，另一方面處女座有山羊座所沒有的辯才和交際才能，兩者互相補足，可說是非常理想的配對。

他們適宜從事礦業、化學、學術的研究等。以山羊座爲主，處女座爲從屬的立場最好，如果位置互相顛倒時，有發生分裂的危機。

對方是山羊座時，處女座的紙上談兵和理由是不能輕易出口，最好提出實際的計畫和確實能得到的利益。山羊座要承認處女座的細密和計畫，山羊座和處女座的交易場所可以選在沒有噪音的地方。

◉處女座男性←→水瓶座男性

因爲是地性星座和風性星座，相性不是很好，兩者有相同的目的而協力時才能不在對立的情況下進行。假如水瓶座的獨創性加上處女座的分析力和整理能力，可說是天衣無縫的配合。各人分擔的職務和立場不同時最理想，但尋求地位和立場的超越時有可能產生分裂的危險。

水瓶座不太熱心追求利益，而處女座和他不同，處女座的追求心都放在利益所得之上。水瓶座假如是活動和生產的主角，處女座就適宜擔任輔佐他出頭的任務。兩人要順利發展的話，不但要踏實，還要有新異的想法和主意，以此爲媒介來創造前途。

●處女座男性←→魚座男性

喜歡批評、挑剔的處女座，對自己的計算和想法容易產生猶疑的魚座，這兩人性格上的缺點使得他們彼此不能相容。

處女座和魚座都是不適合於企業的星座，魚座談獨立起事，處女座要在强烈的企業性和個性，如山羊座、牡牛座之下做事才好，兩人同在一個企業團體工作時不能發揮他們的特長。

處女座講話內容要精彩，引起魚座的同情心才有效果，而魚座想得到處女座的同意和合作時，要注意細節和仔細小心才行。處女座對什麼事情都很認眞地在計算著。

○天秤座男性←→天秤座男性

完美主義者的天秤座，會彼此發現對方的缺點而感到不滿，但另一方面天秤座又有重平衡的性格，因此他們不會起大爭鬪，更有可能調合而協力一致。

兩人最好從事有關「美」的事，如室內裝璜、美容、設計、美術、藝術等分野，這是最適當的配合。只是要注意，兩人不管多麼有創造性的企畫和構想，就是很難實現，最好再加一個有實行力的商業人才，富有實力性的人才，這樣一來就有如虎添翼之妙。

本來這個天秤座不會千思百慮的想要功名利祿，他並沒有太大的野心，因此要競賽或比賽性質的職業都沒有好成績。想要完成交易的話需要儘量積極的活動才行。

⦿天秤座男性↑↓蠍座男性

兩人沒有共同點，興趣所在又不同。卽使在利益相同的前提下結合，他們的意志的疏通或深厚的友情的建立也不容易，但也不會有什麼大爭吵。

天秤座要注意怠惰、迷惑和不穩定，而蠍座時常抱著懷疑的眼光看人，蠍座的嫉妒心、諷刺、和高傲的態度是天秤座最討厭的。兩個人一同做事時，要努力補足彼此不足的地方。例如天秤座是交際能手和說話能手，蠍座富有洞察力和實行力，兩人可以共同從事於美術、古董的鑑定和調查。

交易的時候，蠍座不能完全等待天秤座的決斷，要有某種程度上的主動才行，而天秤座要等蠍座的選擇和決定倒是沒什麼困難。

○天秤座男性↑↓射手座男性

好動的射手座和好靜的天秤座，表面上雖有不同的性相，但配合起來倒不會發生不滿和反抗的事情。

兩人對人生的探求比金錢更熱心，他們的友情淡泊又深遠，能彼此以理想貫穿整個人生。但是如果雙方的主張或立場互異的時候，不喜歡受拘束的射手座和大義滅親型的天秤座可能會產生對立，成為激烈的敵人。

天秤座和射手座的結合，不是在於金錢利益上著眼，大都是以交友為目的而結交的。雖然他們的性相很好，但雙方都喜好自己的興趣，可能會有不能統一的危險。

●天秤座男性↑↓山羊座男性

這個星座的兩個人彼此都不能吸引對方。

默默苦幹的山羊座看不起天秤座儘說理由而沒有行動力，天秤座也不能忍受山羊座那種現實的性格，兩人假若聯手就馬上發生爭吵，生活的目的不同就很難找出相同性質的事情了。

要是這兩人不得不攜手時，山羊座要儘量製造與天秤座在一起的機會，在任何集合中天秤座都是很有人緣的男人，他能使滿場的人快樂，山羊座要融化在這種快樂的氣氛之中，不要心存輕蔑的念頭。而天秤座也不要偷懶，要確實誠懇地工作才好。金錢上的借貸也要分清楚，免得以後發生糾紛。

的學者氣質能互相吸引。

○天秤座男性↑↓水瓶座男性

這兩人即使不特別努力也會互相傾慕，他們著眼點放在公正、親愛和美的創造上。

兩人對美術、文學、音樂等有濃厚的興趣，天秤座捕捉藝術的美感，而水瓶座想以學問和睿智建立美的理論，理想家、藝術家類型的天秤座和學者類型的水瓶座，以此關係更能加深二人的友情。

但是和天秤座的調和、中庸性格不同的是水瓶座的變革，前者會考慮周圍人的意見，而後者會固守自己的思想，這樣的兩個人做事，還是以友人的關係合作協力較好。

◉天秤座男性↑↓魚座男性

這是不太調和，沒有強烈吸引力的組合。但是天秤座的藝術感覺和魚座直感的律動感配合的話，也能十分和諧。

天秤座的藝術家氣質和水瓶座

但是兩人的直感或感覺不太一致時就要注意了，兩人有可能完全沈溺在自以爲是的境地裡，而疏略了事物的本質。而且天秤座的說理，因期望公平而產生的冷酷，可能會和魚座的敷衍主義相衝突，導致兩人分裂的危機，而且天秤座的貴族趣味和魚座的庶民性也相反。

爲了促進兩人的關係，天秤座要瞭解魚座的精神狀態，溫和、親切的魚座性格較弱，極度的緊張和驚異之後可能會出現歇斯底里的症狀。

●蠍座男性↑↓蠍座男性

這是無論如何也不會相吸的組合。

同樣都是陰性、內省的，嫉妬心和執著心很强的同性，所以在利益和名譽共享時也會時起衝突。雙方都會彼此懷疑對方，復仇心又强，他們之間的協調性是非常渺小的。

而在老師與學生、上司與部下、父子等身分，階級相差很大的場合時，因為深厚感情的執著心的產生，往往不能逃出這種關係的羈絆。

蠍座的同志如果想交往，在帶有色情的街巷或料理店商談，或是贈送對方一些刀劍、古董、秘畫、大人的玩具等很有效果。

◉蠍座男性↑↓射手座男性

火與水不相容的性質太多了，因此他們兩人很難和諧相處。兩人假若要順利協調，蠍座要容忍射手座那種漫不經心和直率的性質。

射手座也要學習蠍座的忍耐力，這種努力是必要的，只要努力一定會有收穫的。蠍座有企業和組織之才，而開拓精神是射手座的特性。蠍座鞏固內部，射手座進出於國際之間，這種組合可以從事各種機械、電子工業等廣大範圍的事業。

射手座要明白自己的責任所在，不要自以為是，要給對方具體的說明，另一方面，蠍座也不要故作神秘感，不要想約束對方，互相瞭解對方的特性才有希望和諧發展。

○蠍座男性↑↓山羊座男性

雙方都是愼重和堅實的星座，意見相合，適合於一同開創事業。

手上有錢他們不會亂花，大部份都用在事業上或存在銀行，偶爾會出去遊玩，但最後還是覺得掃興而轉回。他們共通之點是誠實和堅定的義理觀念。

雙方誰當上司都沒關係，但山羊座擔任管理、蠍座擔任生產時更見效果。雙方堅實、嚴格的性情可能使得工作場所顯得單調，雖然本人覺得無所謂，但是要考慮四周的成員，最好儘量能開放，把持必要的餘裕的氣氛。

父子、師生的關係下，這個組合也能順利，假如不能和諧相處可能是雙方的不夠和靄親切，和缺少交流和溝通所致。

●蠍座男性↑↓水瓶座男性

沈默與雄辯、嚴格與開放、拒絕與接受，這兩者相反的性格常會堅持己見而不相讓。

假如這兩人要携手合作那眞是困難重重，水性星座的蠍座被情感支配，傾向個人式的愛，而風性星座的水瓶座以知性爲支柱，傾向人類愛，是廣泛又冷默的博愛，兩者是超越理解的。

假如不幸他們不得不共事時，蠍座要尊重水瓶座的獨創性，而水瓶座不要一味的以冷靜和理智來對待蠍座，要以溫情使他產生好印象，而且水瓶座假如利用溫柔的言語，更能打開對方的胸襟。

⊙蠍座男性↑↓魚座男性

雙方都是水性、陰性星座，又有深情，可能會彼此掩飾缺點。魚座的律動感可以愉快的動搖蠍座的安定性，而蠍座的忍耐力和洞察力能支柱魚座的不安定。

但是現實裡，這個組合很難發揮他們的長處，其原因之一是因爲忠實於雙方的適性的人太少了。這樣一來，蠍座的心裡就時常含有攻擊的恨怒，而且表現在言談之中的諷刺。相反的，魚座在瞬間可能爆發歇斯底里式的恨怒，兩人形成一種大人和小孩在吵架的樣相。假如沒有深厚的友情基礎，兩者是會決裂的。

○射手座男性↑↓射手座男性

同星座的男性大部份都會在對方的身上發現自己的缺點而討厭，但這個星座的男性並不像其他的星座那樣，他們不會產

男性歇斯底里的憤怒。

生反駁和嫌惡感。

雙方都不會干涉對方的事情，而沈溺在自己的興趣之中，這個組合假如一同做事，興趣的一致要來得比利益重要。雙方容易忘記利潤的追求，這一點要注意才不會陷入財政的困境。他們都比別人更快行動，從事翻譯、出版、研究、風俗生態的調查等較爲適合。

彼此並肩作戰，偶爾一同去乾一杯，公私方面都能和諧，師生、父子、上司與部下等關係方面也沒有什麼憂慮，這可說是很好的配對。

●射手座男性↑↓山羊座男性

這個組合的兩人彼此不會有吸引力。

對他人和自己都很嚴格、實際的山羊座，和內省的，不想强迫別人自由的射手座，在根本上是有差異的。

在工作方面，射手座不適合於單調，需要忍耐的工作，但

蠍座男性的諷刺可能誘發魚座

結合起來時可完成天下大事。

山羊座卻有忍耐力，能夠努力的完成單調的工作。山羊座不喜歡射手座吊兒郎當的態度，而射手座也討厭山羊座那種嚴格的監督官面孔。

山羊座和射手座兩人假如勉強合作的話，會成爲各自獨立，而以自己的技術和事業聯合在一起。這時，射手座要嚴守約定，雙方的利益要清楚，而山羊座不能太嚴肅，對實際利益要對他人留一點餘地。

○射手座男性↑↓水瓶座男性

水瓶座有偉大的構想和博愛精神，堅持自己的主張，因此他也不希望壓迫別人，束縛別人。此外，射手座的探求心和自由奔放的活動力也不會受到水瓶座的拘束。

這個組合的兩人，一個是帶有熱情的智性，一個是冷默的智性，他們都有溫厚的愛情，帶給周圍的人滋潤。兩人合作適合於文學和藝術的工作，而且由他們的工作保持最好的友情。

射手座的熱知性和水瓶座的冷知性

射手座友情深厚、寬大，但有時候會因漫不經心的態度而受損，率直雖也很好，但太過不客氣會傷了彼此，而使兩人之間的友情有了裂痕。

另一方面，水瓶座也有偏執的態度，能言善道雖然不錯，但吹得太過份也不好，這一點要注意。

◉射手座男性←→魚座男性

魚座纖細的神經忍受不了射手吊兒郎當的行爲。反之，射手座對魚座過份的干涉或親切也感到困擾。兩者如果想要在一起，要擺脫金錢的利益觀念，而以理想爲主，這樣的合作關係才能成立，而且不是同等的立場，而是射手座居上位的立場。

例如，東奔西跑的射手座經理，假如要選秘書或總務，最好選魚座，處女座和魚座雖然也謹慎小心，但是魚座沒有處女座那種精打細算的心機，這一點和射手座的不重視金錢是相通的。

不管如何，這個組合不可能維持很久，還是不要深交的好。

●山羊座男性↑↓山羊座男性

這個組合沒有感情的交流，沒有人生的樂趣，是乾燥無味的組合。例如兩人目的一致，野心滿滿，欠缺調協性的山羊座會發生利益的爭奪。

雙方可能因修養或教育而稍微克制自己，但最後還是不會和睦相處的。這個組合假如想順利，要有一個第三者來加以滋潤和協調。

山羊座互相之間不會有善意或夢想等的交換，因爲他們太注重現實的利益了。因此，交易的時候要確實的指出利益的數字，否則他是會追根究底的，或是乾脆來個拒絕。

⊙山羊座男性↑↓水瓶座男性

表面上他們似乎沒有什麼關懷，但私底下也並非全不關心，這種奇妙的感情存在這個星座之間。也就是沒有共通的利益和目的很難成立單純的朋友關係，另外一面，在企業或學術研究方面，有著彼此存在的强烈意識。這在好的意味上可說是競爭敵手的關係。

不只是在同樣的分野，在營業或技術不同的分野裡，他們心裡會有一種「對方也很行」的意識，總想追過對方，當然這種競爭意識反而使得事業更加順利發展。不過雙方也可能因爲小事而導致不和，山羊座的愼重和水瓶座的主動該如何融和，關係這個組合的成敗。

兩人感情要好，山羊座要克制他的猜疑心，而水瓶座要克制他的乖僻。而且雙方都很頑固，堅持己說，也容易陷入孤立。兩人之間假如有一個協調者就更好了。

○山羊座男性↑↓魚座男性

缺乏情緒的山羊座，對豐富情感的魚座來說是一種神秘的魅力，而夢想家似的魚座很信賴山羊座的踏實性。但詩人氣質的魚座認爲山羊座太重視利益，相反的，猜疑心强的山羊座也認爲魚座的情緒不穩定不能託以大事。

雙方雖然有激烈的議論，但主張强烈的山羊座往往使魚座保留某種程度的讓步，因此他們之間也不會發生不可收拾的衝突。山羊座假如爲上司或老師，魚座大都採取向他學習的態度，不要表現出神經質的擧動，要强調情感、感覺的一面較好。而對付魚座時，談話要多彩多姿，不要太過單調，山羊座不要只顧利益的計算。

◉水瓶座男性↑↓水瓶座男性

這兩人一見面就大蓋特蓋，而且又不相信對方所說的，只強調自己所說，議論就漸漸的不著邊際了。

每個人有每個人的魅力，雖然這個星座的同性對別人心懷善意，但他們兩人的魅力反而不能吸引對方。假如這個組合的兩個人能邁向同一理念，效果可能會更好。尤其是宗教、政治、文學、音樂、天文學、航空、宇宙、放射線、電波等有關方面的協調，更能彼此發揮潛力，創造十分優秀的作品。但另一方面，因爲是相同星座，所以自己的缺點都可以在對方的身上發現，彼此瞭解對方，反而因此感到嫌惡。

對水瓶座的上司，即使自己是正確的也要聽聽他的說法，而且對他的提示表示興趣。大部份的水瓶座都喜歡强調他的事業所包含的公共性和社會性。

⦿水瓶座男性←→魚座男性

雙方有互相接近的因子，但沒有很明顯的吸引力，很難結成眞正的朋友，假使沒有共同的工作或話題，就可能彼此互不關心。

水瓶座的冷靜和魚座的感情很難一致，另外一面，因爲他們都是直感、理解很强的人，對以韻律爲主的工作（如詩、音樂等）興趣是相通。

這個組合假如擔任企業經營的兩翼時，魚座在水瓶座之下較為理想。水瓶座有知性和分析力，而魚座有感情過剩的缺點，稍一不注意即有可能公私不分，借重水瓶座的智慧較妥。

假如魚座為上司，水瓶座要學習他的世故人情，變成一個瞭解人際關係的水瓶座，這樣一來，事業的進展無疑是指日可待。

◉魚座男性↑↓魚座男性

神經過敏、感覺神經特別強烈的是魚座的特性。

表面看起來，魚座是溫柔的人，但對家人或親戚，他是好勝又專橫的，我們可以瞭解他這種「強硬」是非常脆弱的。而帶有這種脆弱性格的兩個人彼此知道對方的特性，他們彼此討厭對方的脆弱，而憧憬對方的強硬。但這並不是很好的性相。

這個組合與其從事企業，不如以個人的立場，邁向舞蹈、繪畫、音樂等藝術方面的道路較好。日本小說家福永武彥和中村眞一郎，通過文學和藝術，不但在事業上，而且在私生活上建立了很好的友情。

魚座出生的人，較缺乏意志或決斷、行動力等性質，可以選擇一個富有行動力，如獅子座或射手座的人當幫手。

3 女和女的性相

為何妳不能融洽的和婆婆、姑嫂、朋友相處。

對手。

⊙牡羊座女性↑↓牡羊座女性

雙方個性都是剛强，而且聰明，是吉凶各半的機緣。

在相同的工作場合或同業相同的情況下，往往凶相的成份較强。因爲雙方的個性都是非常討厭命令式的口吻，或是向對方低頭，甚至乞憐。即使雙方有先後輩之分，仍然會構成相互競爭的對手。

尤其要注意的是競爭心也會出現雙方不愉快的氣氛。例如一旦有一方特別受到他人賞識，或是得到特別照顧的時候，就會產生强烈的反目相向，乃至於把周圍的人也捲進是非圈中。最後在爭鬪中失敗的人，常會造成悲慘的境界。

在家庭生活方面，做婆婆的對於家事很少過問。就是飲食不合口味，或是屋角有灰塵堆積，也不會計較。由於年輕的時候過於勞動，許多這一星相的人沒有閒暇尋找樂趣，到了老年才開始學習一般情趣。

做媳婦的方面，一定要設法避免和婆婆處於對立的局面，如果能想想自己也有年老的一天，那麼卽使聽到婆婆對妳說一些嚴厲的話語，也不致於立卽發生反感。

◉牡羊座女性↑↓牡牛座女性

彼此之間的交往始終保持一段距離，很難拉近相互間的關係。例如在女性集會的場合中，這二種星相的人，頂多相互打一個照面而已，私下二人很難有親密的交往。

無論如何二人的行徑有著很大的差異，如果說牡羊座的人是汽車的話，牡牛座的人就是脚踏車。在進餐的時候，牡羊座的人一口氣就用完餐而離席，但是牡牛座的人則仍然是一副悠然自在的享受著餐點。在玩乒乓球的時候，牡羊座的人採取快速進攻的方式，但是牡牛座的人卻始終以穩健、慢速的姿態出現，彼此之間的步調十分不一致，要想拉近他們之間的關係是很困難的。

在與這二種星相的人相處方面，例如自己上司的星座是屬於牡羊座的話，在訪問的時候，時間不可過長，相反的，如果對方屬於牡牛座，則不可以立刻離開，這是最容易引起反感的，要很悠然的坐著和對方慢慢品嚐餐點，或欣賞對方的穿着，這樣才可贏得對方之好感。

在家庭方面，牡羊座的婆婆，個性急燥，如果交代一件事情，媳婦不能立卽完成的話，會遭到很大的反感。所以要適應她的脾氣，要花費一段相當長的時間。

相反的對於牡牛座的婆婆，決不可過於急燥，而且這類型的婆婆是美食派，所以送些禮品給她，可以取得她的歡心。

○牡羊座女性←→雙子座女性

這二種星相的人，不僅僅是在相同職業上是好同事，就是在任何場合都是最好伴侶。具有對長上倔強，對屬下寬大爲懷的牡羊座個性，如果上司對她有無理的要求時，她敢公然反對，並且在與人談論事情的時候，如果意見相左的時候，她往往都會據理力爭，常常造成對方不知所措的感覺。一些在女子學校任教的老師，偶爾會抱怨：「這個班級眞是不好教。」這是因爲該班傾向牡羊座人數較多的緣故。這個時候雙子座的人就是控制該班的最佳人選了。但是問題是如果雙子座的人職位比牡羊座的人高的時候，一定要懂得如何去避免知識上的傲慢態度和一些無謂的干涉，並且要知道如何尊重對方的自主性。

這是因爲雙子座的人常會做出或說一些不徹底的事情，讓對方感到多少缺乏誠意的感覺，所以雙子座的人應該多加留意。

至於家庭方面，牡羊座的婆婆對於一般事物只有析理清楚的能力，所以對於那些強迫推銷、無事不登三寶殿或突來的訪客等難於應付的客人時，牡羊座的人都可以很適當的予以解決。

相反的，一旦遇上雙子座的婆婆，由於較爲小氣，有事相託時，她的內心會暗暗盤算自己的利益，所以很難由她那裡得到什麼幫助。

這是一對很難於培養好的友情或相互共事的星座。

在工作場合中，僅僅早一年進入公司工作的牡羊座前輩對著蟹座星相的人指責說：「妳爲什麼工作做得這麼慢呢？」，但是蟹座的人也不甘示弱，把筆一丟，大聲頂嘴：「有什麼了不起，擺著一副老大姊的樣子。」，類似這種爭戰的場面常常都會發生。如果遇到這種情況而不知忍讓，往往會造成更大的紛爭。

在未婚前這種脾氣尚可不談，但結婚後，常常會影響到丈夫的升遷的前途，一定要特別注意。如果上司的太太等來訪問時，而對方就是牡羊座的人，祇要不過份卑恭屈膝，可以適度的恭維對方，如果對方長時間停留，要儘量不露出自己的缺點，使這種場合儘早結束。如果對方是蟹座的時候，儘管是說一些不着邊際的話，也不致於引起對方的反感。

至於在媳婦和婆婆之間，如果家事方面由牡羊座的婆婆掌管，蟹座的媳婦在外上班，這樣是最好的安排。但是對於蟹座的婆婆，妳決不可過份顯示妳的知識，這樣等於火上加油，場面常會造成不可收拾，並且會立卽遭受無情的反擊。

○牡羊座女性↑↓獅子座女性

二人雖然都是個性較强，但卻是比較容易相處的一對。

獅子座的人自我中心較强，在人群中喜歡顯示自己地位的重要。至於牡羊座的女性也是具有同樣的個性，都是非常討厭向人低頭。而且都是不願受公司束縛，不願過著祇是男性同事的左右似的生活。她們適於做小商店的經營者、設計師、電影演員等較爲獨立性的工作。也就是說與其要二人以上共同處理一件工作，她們倒是喜歡完全自己獨立去做。這二種星座的人如果分別從事不同的工作，偶爾見面時，彼此相互勉勵，在私底下交情是十分融洽。

但是他們之間的感情也可以說很難於維持長久性。這是因爲自尊心較强的緣故，所以二個人彼此要有一段距離的疏遠，這樣才可有較長久的感情。

至於牡羊座的婆婆，個性强，是決不向年輕人低頭的，就是在夜晚她也是可以如青年人一般的精力看完最後一段電視節目，所以她常常具有喜歡外出散心的習慣。在獅子座方面也是具有喜歡外出的習慣，但是她比較喜歡嚴謹的生活方式，如果可能的話，陪她一起出去是最好的搭擋。

◉牡羊座女性↑↓處女座女性

這是一對很難相處融洽的一對。

牡羊座的人一旦與初次見面的人相遇，常會出現話語强硬的情形，所以很難獲得氣度較小的處女座的人的歡心。例如雙方都有錢的時候，牡羊座可以表現得很慷慨：「今天就由我請客吧！」，但對於處女座的人來說，比較喜歡計較小事，她表現的態度則是：「我看二人平均分攤吧！」這樣當然容易引起牡羊座的反感，很多事情就是這樣引起爭端的。

如果處女座的人平常肯稍爲犧牲爲牡羊座的人幇一點小忙，牡羊座的人常會顯出感激不盡的態度，二人之間的友情也往往可以因此而建立，在牡羊座方面，也要儘量控制自己的脾氣，注意不可傷害具有神經質的處女座。

處女座的婆婆做事較爲愼重，很難以開朗心胸與人交往。如果妳能把自己心中各種小事都向她表明，必然可以取得她的好感。但是對於牡羊座的婆婆，妳就不必拘泥於一些小事了。如果妳與丈夫有所爭執，牡羊座的婆婆常常表現出站在女性這一方講話，所以家庭方面就顯得十分融洽了。

最好僅僅止於打招呼即可。

●牡羊座女性↑↓天秤座女性

這兩種星座的人最好彼此不要過於接近。

例如在公司上班的時候，牡羊座的人可以一到辦公室就坐在桌旁開始處理公事，但是天秤座的人則是先走進化粧室，小心的整理自己儀容，補一補粧，再出來辦公，所以牡羊座的人對於天秤座這種優雅的辦事態度，當然是很難於忍受了。

但是牡羊座的人不仿也可以學一些天秤座的良好習慣或興趣，如果能以漂亮的儀容配上妳靈敏的辦事能力，必然會另妳更加顯眼。天秤座的人與牡羊座相處，平常談天時也最好不要拐彎抹角，這樣才容易增進情感。

若與鄰居的太太相處時，這二種不同星相的人最好僅止於打打招呼就可以。

對於牡羊座的婆婆，平常妳要決定做什麼事時，最好事先和她商量，例如妳要買一件毛衣，也能事先向她問一聲，這樣

牡羊座和天秤座女性平常交往

她往往會在鄰里中稱讚妳的懂事。·「我家的媳婦託我辦的事呀！」但是，對於天秤座的婆婆，妳最好先決定如何辦事再和她商量，這樣才是相處融洽之道。

●牡羊座女性←→蠍座女性

這兩種星相的人正如陽與陰的相對，一旦相互在一起，一定會隱藏著相互爭戰的危險，是一對很難相處的星相。

蠍座的人做事情較沒有主見，遇有事情，常常無法立即做出決定，但是牡羊座的人做事情比較乾脆，二人個性的差距，也因此常有摩擦不和的現象。

像這種彼此間一開始有摩擦的現象時，相互之間都有必要檢討，如果能夠做到這點，蠍座的人首先會表現出和氣的態度，臉上現出微笑，使氣氛變得輕鬆愉快，在牡羊座方面也才不致於一翻臉就不認人。

在家庭方面，牡羊座的婆婆見到蠍座的媳婦，總會認爲對方是具有不和善的態度，並且喜歡挑剔對方的工作，所以無論如何都要盡量忍耐。在蟹座的婆婆方面，由於做事較爲愼重，所以正好可以駕馭做事輕率的牡羊座。但是對於這種婆婆，她說話常會口是心非，所以一定要體會她的言外之意。

◎牡羊座女性↑↓射手座女性

這是一對極爲融洽的星相交配。

二人之間的交往，由於個性的相近，在職業場合中可以說是最佳的女性伴侶。她們兩人之間的個性具有一般人所無法發現的類似點，在職業場合，彼此相互配合，將是最引人注目的一對。這是因爲他們在學生時代起都是持有相同的夢想，二人都有著共同的志向，爲人生而奮鬪，而且這種方向也將不會因環境變遷而改變。

但是問題就在於她們之間的友情將很難獲得周圍的親人乃至一般朋友的瞭解，更何況女性如果終生不婚，對於做父母將是最爲擔心的事了。所以有的時候，應當分割一點忙碌的時間，增加與家人相處的時間，使家庭中能相互獲得更多的瞭解。一般說來牡羊座的女性比較沒有時間觀念，而射手座的較容易衝動，希望要多加注意。

結婚以後，如果與雙親居住一起，做婆婆或媳婦的無論是屬於牡羊座或射手座，在生活上較喜歡自由，一旦有興緻的時候，二個人往往會空著房子，在外遊蕩。在使用金錢方面，也是十分大方，常會造成丈夫的困擾。唯有婆媳間都能彼此節制，才能爲家計節省。

●牡羊座女性↑↓山羊座女性

這是難以相配的一對，尤其是有先輩後輩之分的時候，更是難以接近。

如果牡羊座的人是先輩，她的個性原來就是開放的，她可以一面走路，一面吃冰淇淋，在同性之間，喜歡用男性式的語言，但是對於山羊座來說是很討厭這種態度，她一看到這種情形立刻會皺眉頭，持著反對的態度，她會認爲牡羊座是故意在採取與她對抗的態度。相反的，如果山羊座是先輩，同樣的，牡羊座也不在意年齡的差距，照樣以一副不在乎的態度處事，帶給山羊座很大的刺激。

但是如果彼此間都能相互瞭解對方的個性，尋找彼此相同的樂趣，避免女性式的狹窄的交往，例如寧可不談家務事或共同上街買菜，而把時間用於看球賽、遊樂等活動，這樣友情反而可以更爲親近。

牡羊座的婆婆沒有節儉的習慣，個性慷慨，經常沒有錢用而引起不愉快的爭吵，但是山羊座的婆婆，個性恰好相反，是精打細算的類型，如果能好好向她學習，將對妳有很大的幫助。

○牡羊座女性↑↓水瓶座女性

這兩個人的相處，有如車的兩輪一般，可以相互並進的一對。

即使在團體之中，具有男性個性的牡羊座，常常因爲太過於熱情，影響到其他的人，造成別人的反感，但是對於水瓶座的人來說，由於重視友情，具有坦率、公正的人格，所以常常會設法爲牡羊座打圓場。如果牡羊座是人群中的領導者，水瓶座常常也會把屬下的不滿轉達給牡羊座知道。

所以說這兩個輪子相互配合得當的話，常會帶給牡羊座好的境遇。也就是說當牡羊座的人在得意忘形，帶給旁人很大的困擾時，水瓶座的人常會適時給予忠言，矯正牡羊座的行爲。

尤其是做婆婆的屬於水瓶座時，表面上是笑嘻嘻的，但是在心中卻不斷指責牡羊座媳婦的不拘的個性。如果婆婆是牡羊座，做媳婦的應多關照她的生活。

◉牡羊座女性↑↓魚座女性

這一對星座，如果彼此相互分離一段時間，可以很快忘掉對方的星座。

牡羊座的女性個性開朗，富有俠義之心，對於魚座的不爽快個性，當然很難於接受，但魚座的人對於牡羊座的個性也是一點都不欣賞。

一般認為魚座星相的人比較善於交朋友，但是應付牡羊座的人，最好不要使用那些多餘的禮節，祇要大大方方的和她打個招呼卽可，這樣很快彼此就可以進一步認識，相同的，喜好明快清晰的牡羊座應付魚座的人，應當儘可能迎合對方喜好的話，注意留心，如果雙方都能為對方着想，這樣彼此間的感情才會相處融洽。

牡羊座的婆婆個性由於開朗，不拘，對於什麼事都看得很開，然而在不好的一面來說，卻常會帶給對方無情的困擾而不自知。如果婆婆是魚座的星相，由於她自年輕的時候起就具有多方面興趣的人，如果以過份强硬的態度待她，是她所最討厭的事。

⊙牡牛座女性↑↓牡牛座女性

這對星座是吉凶各半的組合。她們之間都是屬於消極性的同伴，如果彼此之間有什麼約定，往往很難付諸實行。此外二人都不喜歡任意花錢，一旦外出，彼此的心中都在擔心對方是否會共同分擔費用。由於二人都是具有同樣的星相，對於對方的心情都十分瞭解，所以更難以拉近彼此之間的感情。

如果彼此間要相處得融洽，最好要有一位共同的朋友，如山羊座或處女座。在訪問對方的家庭時，最好不要小氣，買一些禮物送給對方，這樣可以增進自己的誠意。而且在對方家中停留時間最好不要過長，以免增加窘境，應當表現出一副自然、乾脆的態度，這樣彼此間才會有更融洽的相處。

在家庭方面，由於婆媳間都是美食派，所以一旦彼此間有不愉快的事情發生時，買一些婆婆所喜歡的東西，是挽回對方心意的最好方法。同時這種婆婆最善於藏私房錢，而做公公的卻不知道，如果做媳婦的也能學習，婆媳間有著男人所不知道的共同秘密，這樣更可增進彼此之間的感情。

◉牡牛座女性↑↓雙子座女性

雙方之間的交往非常平淡，甚至可說這種友情是可有可無，即使平時相處一起，也不致於有太大的歡樂，一旦分離了，彼此間就成了陌路了。

雙子座的人心直口快，對於他人的要求可以很快就答應，

融洽最好有一位共同的朋友。

但是過後馬上就忘了，對牡牛座的人來說，這種朋友是很難於信任。牡牛座的人個性表現過於愼重，就是一些瑣碎的事都可以使她念念不忘，而且表現得十分倔强，這點最令雙子座的人感到厭煩。

事實上牡牛座的人本心樸素、誠實。至於雙子座的人也是十分重視感情，而且對於細微的事往往也不敢掉以輕心，只是雙方因爲沒有進一步瞭解，不能體會出對方的優點，所以雙方最好增加私下在一起的機會。但是當二人在一起的時候，雙子座的人要設法克制自己心直口快的個性，牡牛座的人也應該注意不要用言語刺傷對方，這樣雙方的友情才能夠維持長久。

對於牡牛座的婆婆，雙子座的媳婦不要僅祇於口頭上安慰，最好在母親節或生日的時候送一些禮品給婆婆。至於雙子座的婆婆，他最大的缺點是無法保有家庭裡的秘密，而且這種缺點很難予以矯正，所以牡牛座的媳婦應該格外的注意。

同樣是牡牛座的女性要相處得

○牡牛座女性↑↓蟹座女性

這是一對中吉相性的星座。

假如兩人一起出外旅行，最先跑上車子尋找座位，然後向窗大聲呼叫要買便當的人，這就是蟹座的個性表現，但是牡牛座的人看了這種情形也會慢慢按照蟹座的指示而動作。原本毛毛燥燥的蟹座見了牡牛座慢條斯理的動作，也無從生氣，祇能沒好氣的說：「妳這個笨傢伙，請快一點吧！」其實，這正是親愛的表現。

此後雙方一起用餐、一起遊玩，二個人逐漸接近、談笑，完成了一段美好的旅行。

但是問題在於牡牛座的人善於嫉妬，有時她會責問說：「妳認爲這位男的是這麼好嗎？」蟹座的人一碰到異性的事情，就會顯得手足無措的感覺，所以牡牛座的人應該儘量不要干涉對方交男朋友的事情。

在家庭方面，牡牛座的婆婆也是一樣善妬，她不喜歡看到媳婦在她面前與丈夫親嘴的情形，所以做媳婦的在婆婆面前最好表現乖巧一點。

至於蟹座的婆婆是一位連小孫子的教育也要過問的類型，但是僅管做媳婦心中不服，祇要在表面上順著婆婆的意思，就可獲得她老人家的歡心。

●牡牛座女性↑↓獅子座女性

這是一對水火不容相性。

在牡牛座的眼中，獅子座的人是一位時髦、驕傲、暴燥、不把他人放在眼中、喜好戴高帽子等等令人心寒的缺點，但是在獅子座眼中的牡牛座是一位遲鈍、愚蠢、動作緩慢、不喜歡恭維他人，不善於表達自己意見等等具有刻薄缺點的人。

在雙方的眼中，對方都是集缺點之大全的人，所以二人根本是無法融洽在一起，卽使在路上相見，獅子座的人會仰著頭，一副自大的樣子，大步而去。相同的，牡牛座的人也會露出一副强硬、斜眼而視，根本不理不睬。

雙方如果要維持一段長久的友情，唯有獅子座的人儘量壓制心中高傲的態度，同樣的牡牛座的人也應該懂得恭維對方，這樣雙方才可融洽相處一起。

在家庭生活方面，雙方相處有如定時炸彈，每天都要見面在一起，確實是很爲難她們二人。要如何和善相處一起呢？秘訣各有一個，那就是獅子座的婆婆是一位較爲浪費的人，牡牛座的媳婦祇要經常給予豐富的零用錢，自然可以獲得歡心。至於牡牛座的婆婆則對於吃的方面很講究，祇要在烹飪方面留意卽可。

常會同時愛上一位男士。

○牡牛座女性↑↓處女座女性

二人之間的友情有如晴朗的天空，沒有什麼瓜葛，在女性之間是很難得一見的情感。

如果二人相互一起出遊，牡牛座那種悠閒自在的態度，配上處女座輕盈的動作，有如蝴蝶一般環繞在牡牛座的四周，創造出一副美麗的畫面。就是在日常生活當中，二個人也經常相互夢想、相互鼓勵、相互信賴，使生活上更加情趣盎然。

但是他們之間的友情並不是完全沒有瑕疵，例如牡牛座這種漫不經心的態度，偶爾也會引起處女座的反感，所以牡牛座在這方面要特別留意，如遵守時間、諾言，這些處女座的人都是十分在意的。

處女座的媳婦要與牡牛座的婆婆相處融洽，最重要的是不要把她視爲老人家看待，在生活起居方面，儘量配合一些年輕人的活動、相互出遊、玩樂，自然可以相處得很好。

天秤座的女性和牡牛座的女性

處女座的婆婆稍微有點神經質，牡牛座的媳婦如果在購買食物或衣服方面稍微疏忽，忘了也爲婆婆準備一份，很容易引起反感，應該特別留意。

◉牡牛座女性↑↓天秤座女性

二人在相處上常會引起意見的不合，儘管他們之間都是命中帶有美與愛的金星爲其守護星，但是牡牛座的人較於傾向關心現實生活，而天秤座的人則喜歡向理想追求。

例如上司的太太屬於牡牛座的時候，如果天秤座的女性去訪時，穿得過於時髦時，很容易引起對方的嫉妬，把妳當成有勾引對方丈夫的嫌疑，同時也間接影響了丈夫的升遷。如果上司的太太是天秤座時，最好多注意稱讚對方，否則太過於沈默，反而容易引起對方的反感。

其實二人在生活上也有類似之點，那就是常會發生同時喜歡上一位男士，以致引起一些意外的紛爭。

對於牡牛座的婆婆，天秤座的媳婦將是她的最好伴侶。如果稍微有不高興的事發生時，祇要陪她一起參加她所喜歡的節目，往往可以軟化婆婆頑固的心。

對於天秤座的婆婆，牡牛座的媳婦並不要負責一切的家務事，祇要平時奉侍一點茶點，即可獲得對方的歡心。

●牡牛座女性↑↓蠍座女性

這是一對陰性結合的星相，在一起的時候，彼此都很容易顯露出自己的缺點，引起對方的反感。

她們二人之間的個性都是不喜公然指責對方的缺點，但是祗要有一件事做錯，必然會引起對方含恨在心，而且歷久難忘。雙方都十分自傲、個性欠缺明朗，很容易念念不忘自己給對方的恩惠，所以她們這敵對的心，將可以持續一輩子，彼此間的感情很難有進一步之發展。

所以她們二人之間的交往，如果以物質利害關係爲着眼點，很難有進一步的發展。尤其蠍座的人對於求知欲十分强烈，牡牛座的人在這方面如果能夠稍微壓制自己，與對方討論書本上的知識或是借一些書籍給對方，將可以軟化對方的個性，增加相處融洽的機會。

對於牡牛座的婆婆，蠍座的媳婦應該在各方面儘量迎合對方，這樣將可以增加彼此的融洽性。對於蠍座的婆婆就較難應付了。平常生活在一起的時候，如果不是很重要的事情，最好都由婆婆做主，這樣才有融洽性可言。

◉牡牛座女性↑—↓射手座女性

二人之間雖然不致有激烈的爭執，但是也沒有很和善相處的時候。

射手座的人做事較爲爽快，例如在購物的時候，祇要是自己所喜歡的東西，可以毫不考慮立刻就買。但是牡牛座的人就不這樣了，她一定先東試試、西試試，覺得沒有問題了，才決定購買。在喝飲料時情形也是一樣，射手座的女性，可以一喝完就離開，對於慢斯條理的牡牛座的女性來說，看到這種情形，當然非常不高興。

所以牡牛座如果有事訪問射手座時，最好省去一些不必要的禮節。把一些重要的事交代完後卽可，此外在閒聊方面，射手座的女性比較重視社會問題，所以不要光是說一些家務瑣事，引起對方之不滿。

對於牡牛座的人，射手座在和她閒聊時，最好說一些實在的事情，不要做一些夢想似的空談，而且說話要多加考慮、慢慢的敍述，這樣才可以迎合牡牛座的心。

對於牡牛座的婆婆，做射手座的媳婦如果購買東西時，最好要不厭其煩，卽使路途遠一點，也要在較便宜的商店購買。因爲做婆婆的最關心的就是金錢的使用。

對於射手座的婆婆，最好少把一些家務事託給她做，否則很容易引起她的反感。

○牡牛座女性←→山羊座女性

二人的友情十分堅厚，因爲雙方都屬於地性星座，有如脚踏在地面上，非常穩固，卽使雙方都成爲堅實的家庭主婦，雙方仍能保持一份純潔的友誼。

卽使彼此間相互分離，仍不時會以電話連繫，互相報告自己的近況。一般說來，山羊座的女性，行動較爲積極、果斷，牡牛座的女性較爲保守。

屬於這二種星座的人都是十分厭惡缺乏義氣感的人，有一方給予她們祝福，她決不會忘記回報，在一些慶祝的節日，她們也必然會相互的祝福。但是她們之間如果有一方違反了彼此的約束，友誼可能會因此而中斷。所以要注意會傷害友誼的事，應儘量避免去觸犯。

對於牡牛座的婆婆，她有儲蓄的習慣，並常會在閒聊間表示她有意把錢投資在不動產方面，所以做媳婦的山羊座女性在金錢方面可以依賴這種婆婆掌管。

至於山羊座的婆婆也有同樣的習慣，祇是她不善於把金錢做妥善的增值，所以最好找一些富有經驗的人指點她，這樣可增加家庭的富裕。

●牡牛座女性↑↓水瓶座女性

彼此間相互瞧不起對方，是一對不好的性相。

水瓶座的女性常會嘲笑牡牛座說她看不開，對於金錢的使用過於小氣，什麼東西落到她手中，就很難跑出來。但是牡牛座的人一聽到這種說法，立刻會反嘲說對方是理想主義者，做事情不切實際。

但是雙方的個性都是屬於具有耐性、強悍、不畏困難，所以如果能善於運用彼此的優點，相互協力合作，一定可以成爲最佳的搭擋。

在家庭方面，如果做婆婆的是屬於牡牛星座，那麼水瓶座的媳婦最好是在外面上班比較適當。如果選擇的職業與水有關，如紡織、海運等工作，這樣婆媳之間在家庭與工作方面，將會配合十分得當。

如果水瓶座是婆婆的話，在金錢方面常會和牡牛座的媳婦起爭執，因爲牡牛座的女性都善於精打細算，在婆婆的眼中會認爲她過於小氣，所以應該有時表現慷慨一點才好。

○牡牛座女性↑↓魚座女性

這是相當好的組合。兩人趣味相投，共同愛好旅行，當相偕出外旅遊時，牡牛座會將一切計劃等細枝末節委託魚座全權處理。而牡牛座的這份悠閒，對魚座來說，是常使魚座感到一股難言的魅力。

偶而，魚座的過份敏感，常使牡牛座反感而離開，這點魚座須時時注意。

若是兩人都能欣賞彼此的優點，那這組性相，不僅僅是好友而已，甚至是感情深厚的師生、同事等。

牡牛座的婆婆，外表雖然溫和慈祥，但內心還是很頑固的。這時魚座的媳婦就要懂得凡事不能太過自我主張，方能博得婆婆的歡心。反之，若魚座是婆婆的話，牡牛座的媳婦只要不忘時時侍奉茶點，說一些優雅感情的話以增進生活情趣，如此即能和婆婆和諧相處。

●雙子座女性↑↓雙子座女性

二人在人群中相遇，就如看到自己的缺點一般，首先映在腦海中就是不好的印象，所以這對也是不好的組合。

因爲二人都是屬於同一星座，有如一面鏡子一般，看了對方，立刻浮現出自己的優點和缺點，所以雖然二人是屬於同性，仍然會相互排斥。因爲一般人在自己腦海中，都希望自己高人一等，一旦發覺自己的優缺點與某人相似，心中不免感到沮喪，當然彼此間的友誼就難以建立了。

但是如果在二人之間有第三個朋友加入，相互為她們中和，則反而可以建立一份珍貴的友誼。要想使彼此之間的友誼維持長久，首先雙方要善於體諒，不要揭發對方的缺失。其次雙方的心胸要儘量開朗，這樣才有長久之友情。

如果婆媳之間都是屬於雙子座的話，由於雙方都喜歡東家長西家短，常常容易把家務事也傳出去，造成不必要的麻煩，所以彼此之間應該特別留意。

◉雙子座女性←→蟹座女性

這一對組合的星座並沒什麼特色，非常平凡，彼此之間的交往並不深入，所以問題也較少。例如蟹座的女性如果是美容院的經營者的話，雙子座的女性為客戶，這時彼此間所最喜歡閒聊的事情可能是較傾向於戲劇方面。如果年齡再接近一點，則彼此之間常會發現相互的興趣是非常接近的。

一般說來，雙子座的女性較喜歡表現而且有些誇大。蟹座方面的女性就顯得較為陰沈，不喜歡多言，而且喜怒容易形之於臉上，常常一生氣就不理不睬他人。

在訪問雙子座的家庭的時候，蟹座的女性最好專心的聽對方敍述。相反的，如果訪問蟹座的家庭，話題越簡單越好，例如稱讚對方的小孩，是最受蟹座的人所歡迎。

在家庭方面，雙子座的婆婆非常好客，為了迎合婆婆的歡心，最好在招呼客人方面能殷勤一點，而且雙子座的婆婆也喜好出外旅遊，應常利用時間陪伴她。至於蟹座的婆婆則善於處理家務事，可以多向她學習。

○雙子座女性←→獅子座女性

這是一對中吉的相性。

獅子座的人最討厭向他人低頭，而且對屬下也是十分寬大為懷，不會任意抱怨。雙子座的人如新進一家公司，而上司又是獅子座的人，那是最幸福不過了。雙子座的人的優點是早上能提早上班，為前輩整理一些文件，做事十分細膩，懂得人情事故，很能贏得獅子座的歡心。

相反的，如果雙子座的人居於上位，由於獅子座的人不喜歡迎人恭維，那麼在相處上就顯得有點格格不入了。

在一起外出的時候，獅子座的女性服飾較為保守、樸素，但是雙子座的女性則是較為時髦，容易追求時尚，而且二人的思想觀念也十分分歧，所以最好不要談論政治、宗教、哲學的話題。

無論婆婆是屬於雙子座或是獅子座，都是喜歡人多，熱鬧的地方，所以做媳婦的應該常帶一些朋友回家與婆婆話家常，以減少她的寂寞，甚至也應叫小孩子常陪著婆婆，這樣更可獲得歡心。

●雙子座女性↑—↓處女座女牡

彼此間難以相處，是一對不好組合的星相。

對於自己四周的事情總是一副漠不關心的雙子座女性，即使有什麼大事發生，仍然坦然處之，這對於纖細、敏感的處女座來說，當然是十分厭惡的。

此外雙子座是善於交際，對於任何人都能立卽打成一片，但是處女座的人則較爲內向，不善於表現，所以一旦兩人私下在一起，很快會引起處女座的反感，甚至二人卽使打個照面，周圍的空氣立刻顯得十分窘迫。

這對星相的人，在處理事務上還可以相安無事，如果能夠因此而相互信賴對方，彼此體諒，有耐心的聆聽對方的話語，並且彼此間都應該體認人都是有缺點的，這樣友情才可因而建立。

家庭生活方面，婆媳間最容易引起爭執的問題是生活費的使用方式。所以對於雙子座的婆婆，處女座的媳婦最好把每月的預算交給婆婆，而實際任由妳負責。相反的對於處女座的婆婆，雙子座的媳婦可大膽的將家庭收支交給婆婆管理，這樣生活自然可以融洽。

○雙子座女性↑—↓天秤座女性

由於雙方都能體認人生的短暫，所以生活上也會有著共同的信念。彼此間喜歡共同出遊，都是屬於享樂派人物。她們認為人一旦年紀大了，要玩也就沒有太多機會，所以都想趁年輕時候多享受一點人生樂趣，所以可以說她們是志同道合之士。

彼此之間的思想也都是十分開放，那怕昨天晚上和男人之間的事情，雙方都會互相報告戰果，交換意見，她們都不喜歡嬌滴滴的女人味。如果彼此之間在生活上沒有太大的利害關係影響的話，她們的友情將可以維持長久。

這對星座在使用金錢方面都是較趨向浪費，很難於培養儲蓄的習慣，由於她們都是崇高自由派，很討厭受家庭的拘束，所以在婚姻生活上，應該特別留意。

至於在家庭生活方面，婆媳之間關係又如何呢？對於雙子座的婆婆來說，她會拍胸脯說家事一切由我，妳儘可能在外參加活動沒有關係。對於天秤座的婆婆，則善於打扮，所以要添購衣服，她會給妳出一些好的主意。

●雙子座女性↑↓蠍座女性

這對星座很難以組合。例如在同一家公司中，一旦有客人來訪，最善於接待的人就是雙子座，她可以把一些事處理得妥當，讓來訪者很滿意的離開，至於蠍座的人則較為陰沈，不喜歡多言，所以當她看到雙子座的人忙裡忙外，很受人歡迎，當然免不了要起嫉妒之心了。

僅管如此，蠍座雖然免不了對雙子座有不滿之心，但是她卻不致於做出傷害對方的事情。在服裝方面，雙子座的人較易追求時髦，喜歡打扮，這點對於樸素，不善於裝扮的蠍座的人來說，偶爾也會佩服雙子座的漂亮裝扮。

家庭生活方面，對於雙子座的婆婆，做媳婦的偶爾也可以邀請她參加一些宴會，這樣必然可以獲得她的歡心，而且這種星座的婆婆善於購物，可以大膽的託她買東西，一定可以令妳滿意。如果婆婆屬於蠍座，可以將一些家計費用託她管理，做媳婦的可以自由的處理妳本身事務或出外上班，一定可以處理得當。

●雙子座女性↑↓射手座女性

一言以蔽之，這是一對凶相的組合。

她們彼此的求知欲都是十分旺盛，喜好閱讀書籍，在表面上看來，她們二人應該可以相處得融洽，然而她們在知識的追求方面卻是南轅北轍。雙子座的人喜歡讀一些小說、名著，而且閱讀十分快速，在射手座方面則喜讀一些雜誌、月刊，而且喜歡研究，閱讀速度很慢。雙子座的人在閱讀一些有趣的事物時，喜歡提出討論，但是射手座的人總是以一副漠不關心的態度相對，常常

婆婆容易爭吵，最好分居而住。

引起雙子座的極大反感。

二人在相處上如果可以把自己嗜好暫置一邊，利用彼此間的熱烈求知慾，共同研究、共同吸收，這樣一定可以有好的成果出現。

射手座的媳婦最好與雙子座的婆婆分居而住。如果沒辦法做到這點，最好夫婦間的房間和婆婆的房間分隔一段距離，這樣彼此之間才不會出現相互抱怨、爭執的場面。

對於射手座的婆婆，由於對家事總是採取漠不關心的態度，所以應多加關照她，自然可以獲取她的歡心。

◉雙子座女性↑↓山羊座女性

這對星座的人彼此之間很少相互關心，是吉凶各半之相。

如果兩人相互上街購物，雙子座的女性喜歡一家一家商店的走馬看花似的逛街，但是山羊座的女性則是逛了一家商店之後，必然仔細的觀察各種商品，相互比較，才會再到另一家商

射手座的媳婦和雙子座的店。在購物時，雙子座的人較爲爽快，山羊座的人則必需考慮很久才肯出手，態度十分愼重。所以二人相互出遊常會因此而發生爭執。

在訪問雙子座的家庭時，最好不要久留，因爲雙子座的人一打開話匣就說個沒停。在訪問山羊座的人，最好儘量避免談論服裝的事情，而且沒什麼事情時，祇要逗留一會兒就離開，這樣反而會令對方高興。

雙子座的婆婆非常討厭陰沈的氣氛，所以在穿着，布置家庭方面應該特別注意。對於山羊座的婆婆，最好雙子座的媳婦在外上班，這樣雙方減少見面的機會，自然可以避免爭執。

○雙子座女性←→水瓶座女性

一言以蔽之，這對星座雙方都能夠彼此瞭解，是一對很好的組合。

她們一旦相互見面，二人就好像有說不完的話似的，非常投機。二人一起出遊，而所選擇的目標也是一致，所以常可盡興而歸。

雙方的個性都是十分爽快，所以有她們在一起的地方，由於周圍氣氛的愉快，間接帶給他人好感。

然而二人之間的友情一旦有男性加入，很可能會因此而破壞彼此之間的友情，尤其是同時愛上一位男士時，情況就更糟了。

對於雙子座的婆婆，水瓶座的媳婦最好能以婆婆過去所做的好事為話題，並且附和婆婆所說的話，這樣很容易就可贏得婆婆的歡心。這種婆婆是理想派，祇要把家事處理得當，融洽的生活自然可以維持長久。對於水瓶座的婆婆來說，她是喜歡什麼都能與她商量的一派。

●雙子座女性↑↓魚座女性

這是一對具有神經質的星座，一遇到不如意的事情，立刻顯得十分衝動，相互爭執。

在同一個工作場合中，雙子座的女性在處理事物上十分妥當，有秩序，但是魚座的女性就較沒有原則性，做事情婆婆媽媽的。如果雙子座在言語上稍有冒犯，魚座的女性立刻會大聲反駁，引起周圍人的圍觀。

雙方在交往時，如果雙子座的人能稍為壓制自己的說話的口氣，以平穩的聲調敘述事物，同時魚座的人在說話做事能夠有條理、有秩序，這樣雙方的友情才能更進一步的交往。

在家庭生活方面，婆媳之間的相處最爲困難。雙子座的婆婆常會在鄰里之間述說媳婦的不是，所以做媳婦的最好在外上班，同時要培養寬大的氣度。對於魚座的婆婆，雙子座的媳婦最好要處處忍讓，才可減少衝突。最好的方式就是彼此分居而住。

●蟹座女性←→蟹座女性

二人同屬於蟹座，是一對很難組合的星座。

如果彼此一起在校讀書，老師對其中一位讚賞時，另一位雖然表面上安然自若，但是內心卻非常憤怒，認爲這祇是老師的偏袒，自己決不服輸，在勝的一方也不是弱者，他也會極力反駁，於是雙方各成派，最後演變成相互爭鬪不休。

自古所謂今日的朋友就是明日的敵人。如果要改善彼此間的情感，應該儘可能站在對等的方式上處理二人的趣味，相互研究，相互討論，彼此相互稱讚對方的工作成果，這樣友誼自然可以維持長久。如果雙方都已結婚，在見面時，如果始終都以家務事爲話題，這樣爭執的事情就可減少發生。

蟹座的女性母性很強，對於婆婆應當妥善予以照顧，經常予以噓寒問暖，這樣婆媳之間才有和善的相處可言。出外購物時，也要注意不可忘記購買婆婆的一份。

◉蟹座女性↑↓獅子座女性

無論如何這二種星座也是很難予以組合。

在同一個公司裡，獅子座的表現總是一副輕巧，笑臉盈盈的待人，在男同事間頗有人緣，至於蟹座祇有坐在一傍觀賞的份，有時候老實的蟹座也會贏得男同事的歡迎，這個時候，蟹座的女性立刻會設法與她對抗。

這二種難於相處的星座，要想予以和解，唯有明顯的分出誰是前輩，誰是後輩，或是獅子座的人在一般人眼中居於姊姊的地位，這樣才可以融洽的相處。

獅子座的人在拜訪蟹座的人時，在服裝上要特別注意，不要奇裝異服，相同的，蟹座在訪問獅子座的時候，要以高貴的服飾，並用心的化粧，因爲獅子座的個性不喜歡見到比自己差

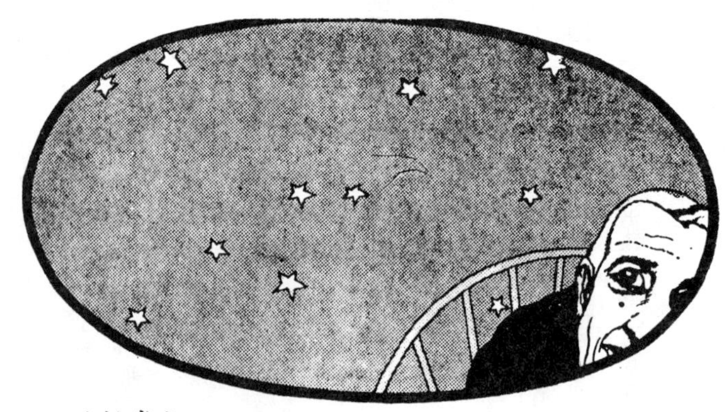

女性當成妹妹般的照顧。

的人，所以在外表上多加留意，自然可以取得獅子座的好感。

蟹座的婆婆在用錢方面較爲節儉，不喜歡看見自己媳婦的浪費生活習慣。獅子座的婆婆則希望自己是一家之主。

○蟹座女性↑↓處女座女性

這是一對中吉相性的星座。彼此之間經常相互出遊，盡興而歸，雙方都是內向、小心、善良。

在平穩的友誼中，蟹座常是以姊姊的身份照顧易受傷害的處女座。因此一旦處女座的人與他人吵架時，蟹座的人常不問是非，一定是指責第三者的不是。但是處女座的人則會以較冷靜的態度研判誰是誰非。

但是二人的家庭生活如果差距過大，或是年齡過於懸殊，往往就會出現不必要的爭鬪。蟹座的人具有寬大的胸懷，能容納他人的不是；但是處女座卻不能接受和自己太過懸殊的對手。

蟹座的女性喜歡把處女座

在家庭生活方面，婆媳間的關係，彼此間都希望在一個小小的環境中，建築成一個高雅的家庭，在生活上並沒有寄與太高的期望。

●蟹座女性↑↓天秤座女性

很可惜這也是一對難以匹配的星座。

天秤座給予人的第一印象是十分可以親近的人，但是事實上她卻是格外的自大，後輩對她稍爲沒有打招呼，她立刻感到非常不愉快，這點對於不善於分辨善惡的蟹座來說，自然是她所討厭的對向。此外在安排金錢方面，蟹座的人善於支配，而天秤座的人則十分浪費，手頭上經常沒有錢用，這種個性當然無法與蟹座相處融洽。

但是兩人同時爲愛情所困的時候，如果一旦彼此相互傾訴，則她們之間的友情又會因此而相互建立。對於蟹座的人應當盡量避免談論文學、美術等知識性的話題，要以時裝，購物爲題，如果是家庭主婦，則告訴她那裡買東西最便宜等市井小民的話題，最能迎合她的心。相反的，對於天秤座的人，蟹座應盡量以對方的穿着爲話題，稱讚她的美麗，但最好不要過於把感情用於表面上，以免引起反感。

婆媳之間，一定要懂得相互忍讓，這樣才可以減少彼此間的爭吵，增加家庭的融洽。

○蟹座女性←→蠍座女性

細膩的友情將可以維持長久的一對星座。

一般說來女性的朋友要長期維持並不是一件十分容易的事，但是這對組合由幼年起或學校唸書起一直到成人以後，這份友情都不易變更，因爲她們彼此之間都具有熱愛人類的感情，在人生過程中她們相互學習、相互的鼓勵。

然而就精神方面而言，她們的交情越深，一旦有一方對自己以外的女性親近，常易引起另一方的强烈排斥，這也可以說是這段友情的缺點，尤其是蟹座的女性善於交友，而蠍座這種感情執着的個性，當然難免會引起强烈的嫉妬心。

在相互訪問的時候，蠍座到蟹座的家中，祗要順便帶一些小禮品，例如一些家常水菓、茶葉或是小孩喜歡吃的糖菓，卽可爲對方所歡迎。她們之間一見面，話就說個沒完，連回家的時間都忘了似的，非常親熱。

對於蟹座的婆婆，她可以教妳許多烹飪的方法，增加生活情趣。而蠍座的婆婆做事較爲穩當，所以有什麼家務問題，可以隨時找她商量。

◉蟹座女性↑↓射手座女性

這是一對很不配稱的一對星座組合。

蟹座的女性善於處理家務，她可以終日關在家中，忙東忙西的，但是對於射手座來說，家務事是最令她頭痛了。例如她可能爲了出外購買晚餐，而順便到戲院看電影，把丈夫、孩子餓著肚子在家等她的晚餐，早已忘得一乾二淨了。她的個性是最討厭受人約束、喜歡夢想，所以她和蟹座之間，可以說完全處在不同的世界裡，要她們互相瞭解，當然是很不可能的事了。

二人在見面的時候，如果要相處融洽，射手座的人尤其要注意衣着的裝飾，不要太過於時髦，並且要注意守時，在交談之間也要特別注意言詞，但是在蟹座方面就沒有太大要注意的問題。

蟹座的婆婆是有名的嘮叨家，所以射手座的媳婦千萬要注意先完成家事後再做自己興趣的事情，例如出外買東西，決不可順便到書店閱讀一般書籍，而忘了正事。至於對於射手座的婆婆，做媳婦的還是盡量由自己動手做家務事，不要想婆婆會給妳幫什麼忙。

●蟹座女性↑↓山羊座女性

這是極具凶相的組合。

經常保持毛毛燥燥個性的蟹座，在開始時對於處事愼重，努力工作的山羊座還會感到歡迎，但是當她發現對方深沈的工作態度，令她無法呆下去的時候，她會憤憤然的離開。在公司裡，到了中午休息時間，喜歡聚集一起，吵鬧不休的就是蟹座，但是山羊座則會靜靜的躲在一旁編織毛線，對她來說，她不喜歡感情善變的蟹座。

當然她們之間的交往，如果相互不涉及到彼此的缺點，那麼自然可以相處得平安無事。同時在談天時，儘可能不要談與男性間的愛情或結婚的想法，否則因觀點不同，很容易引起不必要的爭執。

此外山羊座在訪問蟹座時，應當儘量穿着顏色鮮明的衣服，蟹座在訪問山羊座時，也要注意不要說太多廢話，如果雙方都能信守這點，自然可以避免傷害到對方。

對於蟹座的婆婆，有時山羊座的媳婦應帶她去觀賞一些輕鬆的表演，以減輕家庭中沈悶的空氣。對於山羊座的婆婆，做媳婦最好不要過份打扮外表，而且單用美好言詞恭維是沒有什麼效果的，祇有默默的做家務事，才是最上策。

◉蟹座女性↑↓水瓶座女性

這對星座的組合，二人在情感的交流，並沒有共同的認知，倒是隱藏著隨時爭執的可能性。

易於發生爭權奪利。

因爲蟹座傾向女性化，具有細膩的感情，而水瓶座的女性則作風大膽，傾向男性化，當然在相處上就較困難了，她們之間平日的交往，也僅止於相互間打打招呼而已。

然而水瓶座的家族間如果有什麼不幸，感到很沮喪的時候，蟹座如果能適時予以安慰；可以增進彼此間的親近感。此外如果長久共同居住在相同的環境裡，彼此間也可以逐漸加深瞭解對方。

在家庭方面，對於蟹座的婆婆，如果做媳婦的能經常以動聽口氣說話，是有很大效果的。對於水瓶座的婆婆，她是很討厭嘮叨，所以在處理事情上要乾脆，家務事最好多和她商量，自然可以得到她的歡心。

○蟹座女性↑↓魚座女性

這是一對堅美組合的星座。

由於二人都具有水性星座，所以富有羅曼蒂克，情感非常

同行的獅子座女士

豐富。例如二人一起看悲劇電影，她們可以爲劇情而痛哭流涕，而且事後還大加討論，儘管如此，她們之間都是富有知識，並不會因電影而改變她們的人生觀。

在工作場合中，二人一見面就相互笑嘻嘻的交談不已，一旦彼此都結婚了，在不影響家務事的情況下，她們仍會繼續維持友誼的連絡。

在訪問蟹座的家庭時，可以不要拘束，就把她當做自己的家一般，自由自在的談天說笑也沒什麼關係，同樣的蟹座訪問魚座的家庭，情形也是一樣的可以自由自在。

在家庭方面，蟹座的婆婆常會教導魚座的媳婦如何烹調，增加生活的樂趣，對於小孩子的教育，她也儘量不要干涉才好，不然孩子長大了，個性倒會帶點婆婆的脾氣。

●獅子座女性←→獅子座女性

二人同樣是獅子座，在異性之間還可以說是好的組合，但是在同性之間就常常爲了爭權奪利而爭鬧不休，如果彼此間處在不同的場合中，二個人還可以相互協調，交換意見，但是一旦在同一團體中出現，就出現了各種醜陋的爭奪場面。

例如同樣都是從事藝術工作，但一位是歌星，另一位是演員時，她們二人可以相互勉勵、相互奮鬪，但是二個人同樣是歌手或是演員的時候，而且沒有明顯的劃分地位，這時要她們相安無事共同爲工作而努力，那就不是簡單的事了。因爲彼此間一旦樹立成敵，她們就會徹底發揮自己之習性，攻擊對方之缺點，拼個妳死我活，所以這點必須要注意和忍耐，才可以有進一步之交往。

彼此間相互拜訪，也是一樣，要常常想到對方也是和自己一樣屬於獅子座，必須要學習自我控制，在服裝上不要過份時髦，以免引起對方的悪劣印象，但是對方如果也是一位浪漫派的人，那麼妳就必須考慮自己之服飾，穿得太過於樸素，也容易引起對方之異樣眼光。

屬於獅子座的婆媳之間都是喜歡外出，而且好客，所以獅子座的媳婦如果能經常陪伴婆婆外出購物或看電影，必然可獲其歡心，但另一方面來說，要想儲蓄卻是一件不容易的事。

◉獅子座女性↑↓處女座女性

就以友情的交流來說，這兩個星座並不是很好的組合，但是輩分如果分明的話，她們之間才不會有什麼爭執發生。例如獅子座的女性是一位舞蹈老師，而處女座是學生，或是處女座是老師，獅子座為學生，則她們之間的相處會很融洽的，但是在同輩之間，容易發生反目和不滿的問題。

獅子座的個性在任何情況下，都不會有太惡劣的態度表現，但是稍微具有神經質的處女座就會有强烈的傲慢、自大的態度出現。因此在一個團體中善於把周圍氣氛製造成浮華、熱鬧的獅子座，顯然有意向沈靜的處女座炫耀，以致引起處女座心中有不愉快的感覺。所以這對星座要想和善相處，獅子座的女性應儘量抑制自己，不要太過於表現自己，並且不要以輕視之態度待人，同時處女座的女性應該設法改正揭人陰私的缺點，及不要太過於敏感。

在家庭生活方面，婆媳之間的關係也是一樣，雙方都要抑制自己的缺點。一般說來，獅子座的婆婆自我中心較為强烈，而處女座的婆婆則非常討厭浪費的習慣。

○獅子座女性↑↓天秤座女性

人緣良好的天秤座和善於交際及富有衝動的獅子座，可以說是一對適當伴侶。

天秤座的人善於人際關係以及懂得人情事故，所以在一個團體中很容易博得她人的好感。她和獅子座之間卽使有長輩晚輩之分，二人都可以相處得十分融洽，一般說來，天秤座的女性比較缺乏主見，獅子座的人較富有決斷力和個性爽快，但是在團體中天秤座的人懂得充分發揮控制人群的能力。

如果天秤座的人在訪問獅子座的朋友時，在服裝上的穿着不可過於寒酸。對於天秤座的朋友，在穿着方面可以不必太在意，祇要態度端莊、說話有分量卽可。

家庭方面，獅子座的婆婆自我中心的觀念甚强，如果有什麼疑惑的問題，最好找她商量。對於天秤座的婆婆，做媳婦的獅子座在行動上不要過於隨便，這是她所最介意的，所以就是在小節上也應該特別留意，此外她對於富有決斷力的人，特別喜歡。

●獅子座女性↑↓蠍座女性

帶有火性星座的獅子座和具有水性星座的蠍座，在本質上就是無法相容，所以這對星座是凶性的組合。

譬如心性開朗的獅子座和蠍座隔鄰而居，陰沈的蠍座可能完全不會與獅子座打交道，她不喜歡獅子座那副浪漫不拘的個性。

這二個人一旦相互見面，無論是在什麼場合，在任何時候，周圍的空氣立刻顯得十分窘迫、不安，甚至連四周的人也感染了不快的氣氛。

在同一個工作場合中，做上司的一定要考慮；不要把這二種人安排在同一課或同一部門中工作，除非二者之間的職務差距大，或是一起工作的同事有很多的時候，才有可能緩和沈悶的空氣。

萬一二人不幸分配在一起的時候，祗有彼此之間相互忍耐，儘量不要接觸在一起。

在不得已的情況下，二人要相聚一起時，除了要相互的忍耐外，蠍座的人最好不要穿着鮮艷的衣服，而獅子座的人不要穿着過份時髦的衣服。

家庭方面，婆媳之間的相處，最好的方式就是分居或是媳婦在外上班，否則二人之間將會常有爭鬪之場面出現。

◎獅子座女性↑↓射手座女性

雙方都具有寬大、穩重的個性，不拘小節，雙方各有各的優點，結合成一對相當完美之星座組合。

一般說來，射手座較爲善變，很難專注於一件事，但是獅子座的人執着心較强，一旦接觸了某件事情，必定設法予以完成。然而二人相處在一起的時候，可以相互彌補彼此之間的缺點，在各方面的表現，均能做到最好的標準。尤其是在工作場合中，無論所擔任之工作是否相同，都能成爲相當好的朋友。

無論是獅子座或是射手座的人，都是善於猜疑，不能以冷靜的態度觀察對方，所以如果在服裝等方面稍爲不注意，很可能引起對方極大的反感。這二種人都喜歡富於變化之穿扮，所以在訪問她們時，應該多加注意，並且一定要守時。

家庭方面，婆媳間的相處也是非常融洽，但彼此之間都要注意不可以用威嚴的態度壓逼對方，同時言語之間也要溫和一點，以免產生不必要之爭執。

◉獅子座女性↑↓山羊座女性

由於獅子座的人陽氣較盛，山羊座的人陰氣較強，所以在組合上也就較為困難。

對於處事愼重、樸實的山羊座，她認為獅子座的人是浪漫、驕傲。但是另一方面，對於陽氣較強的獅子座來說，她認為山羊座的人是最為陰沈，不知變通，因此之故，她們之間當然無法成為最好的朋友。

這對星座的組合，如果彼此之間從事的職業不同，還不致於發生什麼問題，但是在同一辦公室中，每天都要一起處理同樣的工作時，那麼最好僅止於表面上的來往卽可，否則將會有

婆婆當做女傭般使喚。

不斷的爭執出現。

日常生活中也是一樣，如果婆婆是獅子座，那麼她的自我中心態度頗强，總是把山羊座的媳婦認爲是女佣一般，一切家務事都必須由她親自指揮。如果婆婆是山羊座的話，她很可能把一切家計委託給獅子座的媳婦，而獅子座的認眞工作態度，也往往可以緩和雙方對立的關係。

●獅子座女性↑↓水瓶座女性

在異性中，這對星座的組合是吉相，但是同性之間就恰好相反，彼此間的交往也不可能長久維持下去。在表面上她們之間具有些許類似的個性，然而彼此一旦深入交往，立刻會發現對方根本與自己的觀點不同，而憤憤然的分開。

雙方都是具有頑固、强悍、不服輸的個性。但是在一般人的眼光中總會認爲獅子座的人較爲凶悍，不易接近，反而認爲水瓶座的人較爲易近。

山羊座的媳婦常被獅子座的

一般說來獅子座的人比較適宜擔任領導者的地位，水瓶座的人適於擔任參謀，也就是說如果獅子座爲主，水瓶座爲從的話，她們之間將會相處得十分融洽，而且在工作上，必然會有一番表現。

在家庭生活方面，獅子座的婆婆經常保持羅曼蒂克的生活；最喜歡聽一些奇特怪異的事情。水瓶座的婆婆討厭騷騷攘攘的生活，所以獅子座的媳婦要設法壓制自己好熱鬧的心情，如此才可以與婆婆相處得平安無事。

◉獅子座女性←→魚座女性

雙方都是富有羅曼蒂克氣息，但是同時生活在一起的時候，彼此間的感情很難溝通，反而很容易引起不必要的爭執。

喜歡追求現實，美化現實的獅子座，對於相信直覺感官和靈感的魚座，總認爲她心中的神或靈都沒有一定的形象，是一位飄浮不定的人。但另一方面，對於夢想家的魚座來說，最討厭自大、驕傲的獅子座。

因此這兩個星座的結合，無論是在工作場合中或是生活場合中，她們之間的交往，最多祇能維持表面上一層的關係而已。

在家庭方面，獅子座的婆婆說話常會使用命令式的口氣，但是她的心中並沒有什麼惡意，做媳婦不要介意，祇要妳能瞭解她，彼此間也就相安無事了。對於魚座的婆婆，最懂得一般世俗的禮儀，富於生活情趣，做媳婦的獅子座應該特別留意這方面的事情。

◉處女座女性←→處女座女性

彼此間雖然同屬一個星座，但是受了環境的影響，卻表現了兩種極端不同的個性。

雙方都具有神經質，是嚴厲的批評家，可以由政府的物價政策，暢談至厨房間的繁瑣小事。但彼此之間都是非常敏感，祇要對方表現出令她所厭惡的行爲，彼此之間立刻翻臉，或爭吵。

處女座是非常傾向女性化的星座，無法接受對方的壓迫感，在工作場合或家庭生活中也不致於表現得太活躍了，也不會與人發生强烈的爭執，祇是彼此間纖細的感情和强烈的評判的精神，一旦相互衝突，立刻失去心中的平衡，彼此間相互分離，各自再尋找自己其她的朋友訴苦。

雙方在相互訪問的時候，由於雙方都是屬於同一星座，所以在服裝方面，可以穿着自己所喜好的服飾，在態度方面也是一樣，但是如果一方稍微用一種批評的眼光觀察對方，立刻會引起極大的反感，以致造成雙方的爭吵，所以有關這方面的態度一定要特別的注意。

在家庭方面，婆媳之間都是喜好乾淨，所以家庭內經常都要保持整齊清潔。同時這種星座的的人好奇心很強，有多種的趣味，如果婆媳之間能夠共同學習某些事物，最能增進彼此之間的感情。

◉處女座女性↑↓天秤座女性

二人一旦見面，內心深處經常會引起小小的反感和不滿。

對於工作經常保持高度熱忱，做事迅速的處女座，實在無法忍受祇知道動口的天秤座個性，但是氣度良好的天秤座，如果遇到小孩子的問題，或是家務上的難題，找她商量，應當是最好的對象。

尤其是在家庭方面，如果婆婆屬於處女座，天秤座的媳婦最好經常保持勤奮的工作態度。對於天秤座的婆婆，比較喜歡清閒的生活，有空時候，做媳婦的處女座最好與她多聊聊天，一定可以贏得她的好感。

無論是在工作場合中或是在家庭裡，處女座的人最好改正探查她人底細及批評的嗜好，同樣的天秤座的人應該設法用客觀的態度做事，這樣相互之間才有協調的可能。

○處女座女性↑↓蠍座女性

雙方都具有謹愼、思考深刻的個性，此外蠍座的人具有處女座所沒有的旺盛精力和專一的態度，所以常常使處女座的人感覺蠍座的人是可以信賴，而且蠍座的人也很樂意接受處女座的要求，很實在的爲她完成任務，使雙方之間的相處形成活潑生動的氣氛，而且彼此間也不會相互取討功勞，使雙方的友情綿延不斷。

祇是蠍座的人不善言詞，常常造成具有神經質的處女座的傷害。處女座的人處事態度公正，無論對方怎麼和她親近，都能保持冷靜的觀察，指正對方的缺點，所以有時也會引起蠍座的反感。

如果對處女座有所請求的時候，她對工作完成時間非常重視，同時她會仔細告訴妳事情經過的原委，甚至連工作所應付予的條件、報酬都會明白的告訴妳。蠍座的人應該設法改正與人討價還價的習性和猜疑心，否則隨時都會失去親密的朋友。

家庭方面，婆媳之間相處和諧，有時處女座的婆婆不免嘮叨，但是有許多事情她都要委託蠍座的媳婦辦理，但做媳婦的一定要注意自己言語措辭，以免傷害到對方。蠍座的婆婆，在待人上不喜歡以言語安慰對方，但她有時會拍拍妳的肩膀表示她的關心。

●處女座女性↑↓射手座女性

題與射手座媳婦發生爭執。

二人之間難以溝通感情，一旦見面相處，必然引起反臉相向。

在處理家計方面，內向的處女座祇要丈夫按時把薪水交給她處理，她就感到十分滿足了，但是對於射手座來說，她不能安分的呆在家裡，喜歡自由奔放、冒險的生活，所以由個性看來，二個人根本就無法相稱。

在處女座的眼光中認爲射手座的生活態度缺乏計劃性，但是在射手座的眼光中卻認爲處女座的人善於探取她人之陰私，生活上枯燥、無味。

如果二個人之間想要稍微改善彼此的關係，譬如在與處女座的人見面時，一定要遵守約會時間，服裝上也要樸實，同樣的，在與射手座見面時，除了時間，地點要注意外，在言談中不要多說廢話、簡明扼要卽可。如果婆媳之間是屬於這對星座，最好分居而住。萬一沒有辦法分居，由於處女座的人注重金錢花費，做媳婦的人一定不要浪費，此外在外出或回家時都要

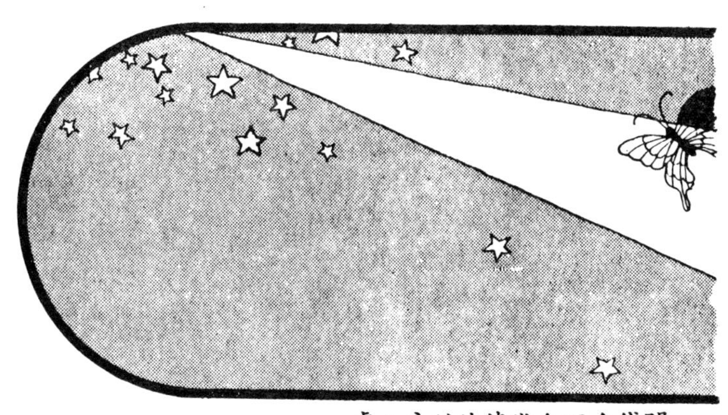

處女座的婆婆常會因金錢問

面告她一聲。對於射手座的婆婆來說，金錢上不可以過於小氣，在生活上也應該盡量自由、開放些，不可過於保守。

○處女座女性↑↓山羊座女性

雙方都帶有地性星座，是一對很適當的組合。

這二種人如果在結婚時沒有什麼經濟基礎時，都不能安心的過美好的婚姻生活，但她們都會以樸實的態度建立穩重、着實的家庭，換句話說，都會設法儲蓄。在家庭方面，屬於處女座的婆婆，常會找媳婦商談儲蓄的方法，彼此之間協力合作。山羊座的婆婆具有嚴肅的個性，不會讓媳婦任意處理家務。

這對星座雙方的經濟觀念都很發達，而且絕不虧欠人情，對於取捨很有分寸。所以在拜訪的時候，無論對象是處女座或是山羊座，不妨帶點小禮物，較爲妥當。但山羊座的人做事有時不能顧及小節，應該注意。

山羊座的人在私生活上比較實在，言出必行，但處女座的人有時對待好的朋友時，會欠缺考慮，這點也應當留意。

◉處女座女性↑↓水瓶座女性

在感情交流上很難融洽相配。由於處女座的人對於丈夫和孩子的生活十分重視，而且不隨便浪費，而水瓶座的人不善於追求理想的生活，所以雙方的個性已有很大的差異，當然不容易相處和諧。

至於家庭生活方面，婆媳之間常會相互交換意見，但是雙方一旦交惡，就很難再次和諧相處。如果婆婆是屬於處女座，最好把家事都交託給婆婆做，媳婦出外上班，對於水瓶座的媳婦應該在這方面下功夫。

在工作場合中二人的個性中有極大的差異。處女座的人對於所交付的工作必然能忠實的完成，但水瓶座卻喜歡在工作中加上自己的意見，所以她們之間有必要加上第三者的調和。二人之間的個性差距甚大，當然很難有進一步之交往，如果要維持長久之關係，有賴二人相互之忍讓。

在與處女座的人交談，最好以社會一般事情為題，其中加入經濟、投資等新聞，可以迎合她的趣味。對於水瓶座的人則應避免世俗間的話題，應儘可能談些音樂或藝術方面的事。

●處女座女性↑↓魚座女性

二人之間都是具有親切、和善、懂得人情事故的個性，雙方相似的特性有很多，但是具有潔癖的處女座，卻非常厭惡魚座在生活上不夠檢點。事實上二人都是明理的人，如果僅僅維持表面上的交往關係，應當可以平安無事。

祇是處女座的人具有神經質的性格，不喜歡在人群中出風頭，但是魚座的人卻喜歡在人群中求表現。由於基本上個性就不同了，當然是不容易融合一起，所以一旦深入交往，立刻會引起各種的衝突。

如果二人無論如何都會相處在一起的時候，對於處女座的人，切記要遵守時間，做人處事要具體才可，不要過份用言語刺激她。對於魚座的人在言語也要特別留意，不要用武斷的口氣對她說話，可以嘗試刺激她的同情心。

處女座和魚座二者之間都是喜歡追求一般社會新聞，所以在家庭中經常以這方面爲話題，將可以促進融洽。對處女座的婆婆，與其說裝扮儀容，最好先把家務事處理清楚。對魚座的婆婆，在和她們閒談的時候，最好多附和她的話，這樣可以獲得她的歡心，但是有關現實的問題或金錢的事情，最好不要找她商量，不會有什麼結果。

◉天秤座女性↑↓天秤座女性

二人在一起的時候，就如鏡子一般，約略可以反映出自己的個性，所以彼此之間並不是很好的搭配，但也不致於有强烈的爭執。

這個星座不善於活動性節目，所以在人群中不喜歡表現自己，而且行動也不積極。天秤座的人喜歡打扮，而且喜歡辯論，一旦碰上志同道合之士，就有說不完的話似的，她也喜歡獨自在火爐邊、或是躺在椅子上或是床上慢慢閱讀書本，對她來說這是人生一大樂趣。

如果二人同是家庭主婦，常常喜歡相互串門子，一杯茶在手，話就像長江大水一般說不完似的。在工作場所中，她們相互搭擋，許多理想和計劃常可出自她們手中。然而她們卻缺乏一股實行的衝勁，如果在工作中，一旦發現了對方的缺點，心中立刻浮起反感，往往因爲爭吵而不能使工作繼續下去。

家庭方面，婆媳間的關係相處十分融洽，因爲雙方都喜歡說話，雖然無法把家事處理得當，但是家庭生活卻很圓滿。彼此之間都缺乏儲蓄的習慣。

此外天秤座之間一旦見面在一起時，都會相互稱讚對方的優點。

◉天秤座女性↑↓蠍座女性

彼此之間並不能相處和諧的一對星座。

行動並不積極而生活富有情趣的天秤座，對於富有忍耐力和踏實的蠍座並不能情投意合。天秤座的人經常服裝整潔，在外溜蹥，但是蠍座的人卻是喜歡關在家中處理家務。

如果婆婆屬於天秤座，做媳婦的應該多和她聊天，但是如果她有說不完的話，令他人感到厭煩的時候，應該適時給予忠言。如果是蠍座的婆婆，最好盡量避免東家長西家短，否則容易引起她的反感。在購買衣服時，也應首先考慮到婆婆，才不致發生不愉快的爭執。

蠍座的人並不善於交際，所以她沒有要緊的事時，她是足不出戶的，對於天秤座的人，蠍座認為她並不是可交的朋友，卽使彼此之間相識，那祗是表面上的交往而已。

二人要想有進一步之交往，蠍座的人一定要設法使四周的氣氛變得開朗，在服飾方面也最好穿着色調鮮明的衣服。一般天秤座的人所喜歡的話題是美術或一般世俗的事情。天秤座的人在與蠍座聊天時，應該設法引發對方說話，這樣彼此之間才會有愉快的相處。

○天秤座女性↑↓射手座女性

這是一對很好組合的星座。彼此之間可以相互協助。通常善言的射手座可以彌補天秤座中庸之道的個性，使彼此之間的聚會，出現愉快的氣氛。

這二個星座的人都是比較外向，拙於家事。常常相偕參加聚會，如果說天秤座的人是議長的話，那麼由射手座來擔任實行委員長，會議必然可以進行非常順利。

二人不僅僅是工作的伴侶，就是在遊玩方面也是搭配得很好。因爲射手座的個性奔放不拘與天秤座的高雅動作剛好是最好的搭配。

射手座的人在與天秤座有約會的時候，態度要端裝，服裝不要太過華麗。同樣的天秤座到射手座家中玩的時候，一定要遵守時間，卽使對方不介意，也不可以任意遲到，否則久了，自然會引起對方的反感。

家庭方面，射手座的媳婦對天秤座的婆婆，應該多用積極的話語激勵對方。如果婆婆是射手座的話，她對媳婦非常寬大

女性很容易沉醉在電話中。

，並不拘束她的生活習慣。

●天秤座女性↑↓山羊座女性

一言以蔽之，這是明暗成鮮明對比，不可溶合的一對星座。

經常喜歡外出的天秤座當然不會喜歡足不出戶，在家安靜處理家務事的山羊座的個性，所以雙方之間常把對方的優點看做是缺點。

喜歡自由自在生活的天秤座，在山羊座的眼中，卻認爲她是好吃懶做的人。而山羊座的樸實作風，在天秤座的眼中，卻認爲這是無法忍受的痛苦。這種天生就不同的個性，當然是無法和諧的相處。除非二人之間相互尊敬、相互體諒，才有可能進一步的交往。

同時對於天秤座這位朋友，山羊座應該儘可能穿着色調鮮明的服飾，以愉快的態度與她接近。而天秤座的人與山羊座的人相處時，應該設法克制自己的行動，以謹慎、端裝的態度待

天秤座的女性和水瓶座的

她。

結婚以後，對於天秤座的婆婆，做媳婦的應該經常和婆婆閒談，才可增進彼此的感情。對於山羊座的婆婆，天秤座的媳婦應當在行動上保守一點，才不致引起對方之反感。

○天秤座女性↑↓水瓶座女性

兩人的個性是情投意合，無論她們之間是處在什麼樣的關係下，都會很和諧相處。雖然在他人的眼光中，認為她們之間的理想過高，不着邊際，但是她們並不在意別人的批評，共同為理想奮鬪。

二個人都是對生活樂趣非常重視，頗有今朝有酒今朝醉的傾向，所以二人一旦相會，可以拋開一切煩惱，開懷暢談，雖然彼此都不精於家計，但興趣來時，可以煮得一手好菜。雙方好說話的個性，可以由她們打電話的情形看出，一說就是半個小時一個小時，這對於長途電話當然是不划算，所以這點應該特別注意。

婆媳之間的相處也是非常融洽，雙方的個性相似，所以在處理家務上十分順利，不致於有什麼爭執場面出現。

◉天秤座女性↑↓魚座女性

二人之間並不是一對十分適當的組合。

天秤座的人比較注重人的品德，經常保持淑女式的端莊儀容，但是魚座的人常常不問善惡，很容易沈醉於某一件事，缺乏自制心。所以在魚座的眼光中，認為天秤座的人喜歡擺出一副高貴的氣息，雙方之間當然不會有太深入之交往，但是她們並不會出現激烈爭執的場面。

兩者之間都富於同情心，尤其魚座的人更善體人意，常常會施捨恩惠給第三者，而天秤座的同情心祇限於心中的同情，很少用行動表現。她們二者都具有纖細的美感氣息，所以彼此之間同是美術的同好。

在家庭生活方面，如果婆婆屬於天秤座，做媳婦的人應該有公正的態度，不要忽左忽右，容易引起婆婆的反感。對於魚座的婆婆，如果能以和善的態度，優美的氣息待她，一定可以博得她的歡心。

●蠍座女性↑↓蠍座女性

蠍座的人陰險，執着心和好勝心都很强，所以二人都是屬於蠍座時，很難相處融洽。

在同一個工作場合中出現二位蠍座的人，必然引起彼此的競爭心，雖然有助於工作之發展，但是周圍的空氣卻顯得十分窘迫。萬一上司不能以平等態度對待她們時，立刻會引起另一方的强烈嫉妬心。

祇是她們同屬於一個星座，在興趣上也大致相同，如果能透過彼此的興趣，二人也有相互協調合作的可能，但是如果要評論她們之間的工作成績時，反而不會有太好的結果產生。如果二人同時愛上一位男士時，那麼事情的演變必定十分複雜，常常令男性感到惶惑不安。

二人如果要有和諧的相處，除了要相互體諒外，在服裝上不要存有非比對方穿得華麗的心理，但是也不要穿暗淡的色調，使冷酷的氣氛更形增加，應當穿着令人感覺暖和、柔軟的衣服。在家庭生活中，也很容易引起陰沈的感覺，所以婆媳雙方都應盡量努力，保持和緩、穩重的氣息，絕不可一方有不善意的言語時，立刻反唇相譏，這樣家庭生活永遠不會圓滿，彼此間都應互諒互重。

◉蠍座女性↑↓射手座女性

雙方都是富有熱烈的感情，但是具有敏感、纖細氣息的射手座和具有黏液質似的情感的蠍座，正如水與火之間，完全無法融和一起。

射手座的女性心直口快，常常在無意間傷害到對方，對於敏感的蠍座來說，正如一根利針似的觸犯了她的自尊，這個時候，必然會給予無情的反擊，刺激感受性强烈的射手座。

但是二者之間如果在言語上都能注意，那麼要維持表面上之交往並不困難，不然如果一有不愉快事件發生，二個人很可能因此長期決裂。

在家庭生活方面，對於蠍座的婆婆，射手座的媳婦應該注意家計的開支，不可過於浪費。對於射手座的婆婆，由於花錢成性，儲蓄的責任就落在媳婦的身上了。

○蠍座女性↑↓山羊座女性

這是愼重又著實的組合關係。但這兩人的周圍好像缺少女人華麗的氣氛，但是她們雖然默默無語，也能感到彼此的親切。

兩人都是合理主義者，很少空論，爲了事業上的發展，實際的，不浮華的性格才是最理想的。她們也不會像長舌婦那樣說個沒完，也不會故意表現自己。

有蠍座的婆婆時，山羊座的媳婦言談要溫柔，而且也可以替她捶肩揉背。而山羊座的婆婆喜好一個人靜靜的獨處，但也並不是表示她討厭別人的干擾，只要講話時不要太吵雜就好。

●蠍座女性↑↓水瓶座女性

媳婦的主婦生活感到嫉妒。

從星座的位置看來，這是不好的性相。水瓶座不但對丈夫有很深的愛情，而且對人類也有博愛的精神，而執著心强，又好猜疑的蠍座和她是根本沒有共鳴感的。

踏實但猜疑心强的蠍座看不起水瓶座的理想主義和博愛主義，而水瓶座對蠍座那種陰陰森森的態度也沒有好印象。這兩人在一起做事總是會發生一點不愉快，人事處的主管要注意才好。

這個星座的關係假如是婆媳，婆婆是蠍座的話，不要讓她看見夫婦親熱的鏡頭，以避免引起她的嫉妒心，而婆婆是水瓶座的話，不要說一些不負責任的謠言，話題以理想或帶有智性的問題爲佳。

◎蠍座女性↑↓魚座女性

雙方都是水性星座，可說是很相和的性相。雙方都是情感

蠍座的婆婆會對水瓶座

豐富，蠍座有魚座身上所沒有的行動力和堅實性，而蠍座所沒有的人情世故，可由魚座來補足。

不管是蠍座也好，是魚座也罷，雙方見面時都能很愉快的渡過。只是，魚座要避免穿翠綠色的服裝和藍紫色的打扮，而蠍座要避免蘭花似模樣的服裝，這對雙方都是不吉利的。

這個組合的婆婆和媳婦假如稍有一點同情心和關懷即能非常圓滿。雙方帶有共同的興趣和目標的話更能使家庭充滿樂趣。

⦿射手座女性↔射手座女性

雙方誰也不約束誰，兩人能站在自己的立場上發揮。

但對同樣的工作或目的時，雙方會激起强烈的競爭心，可能反目。假如各自分擔不同的工作時，會因爲太沈溺於自己的工作而互相失去連絡。

沒有太强硬的野心和競爭心，所以射手座不會陷害別人，也會不關心別人。因此上司要各別分配她們任務。兩人不管周圍的環境如何混亂，只專心自己的工作，因此有時候可能會做出使別人困惑的行動，所以有必要選一個給予適當幫助和勸戒的人。

婆婆和媳婦都是射手座時，對掃除會感到棘手，屋樑上積滿了灰塵也無動於衷。雙方要決定自己的負責範圍，自己完成自己的工作，互相不要干涉才好。

⊙射手座女性↑↓山羊座女性

這個星座並不太調和，但也不致於爭執。自由放任的射手座，和律己甚嚴的山羊座，互相不會干涉，她活在自己的生活信條之中。

兩人同在一個公司時，會堅守自己的立場，而互不關心對方。時常把身邊收拾得很整潔的山羊座，看到射手座的周圍一團糟也不會想出手援助。家庭內的婆媳關係，假如婆婆是射手

會激起她的母性本能。

座，山羊座就可以自由自在的外出，而婆婆是山羊座的話，射手座要勤勉一點，化粧也要簡單才好。

對射手座講話時，不要呆板生硬，要將話題轉向她喜歡的話題上。而對山羊座的話，要避免華麗和特異的服飾，話題要與她本身有關的，而且講話要簡潔明瞭，這樣才能漸入佳境。

○射手座女性↑↓水瓶座女性

雙方都重友情，而且努力去理解對方，終生的友誼保持不變。射手座和水瓶座都知道人生除了金錢之外還有更重要的事情，她們很重視對丈夫和孩子的愛情。

她們在興趣方面也很一致，舉凡音樂會、美術展或演戲等方面的鑑賞，都能交換彼此的意見。雙方彼此也不束縛對方，因此她們可說是很和得來的配對。

射手座的家庭是樂天的、明朗的，但顯得有一點散漫，所以拜訪她們的家庭時，時間要確定，而且要一再的提醒她才好

水瓶座女性看到射手座女性時

。而對水瓶座不要太吊兒郎當，而且不要打扮得花枝招展，因爲自己假如炫耀自己的財富，會使得對方自嘆不如，而感到自己的「不幸」。婆婆是射手座的話，儘管輕鬆愉快的外出，婆婆是水瓶座的話，隨時要保持清潔，確實打掃才好。

●射手座女性↑↓魚座女性

這是水和火的星座，根本上是不太相合的。

魚座以家庭爲主，對不客氣又專橫的射手座沒有好印象。另一方面，充滿活力和理想的射手座，也認爲魚座太注重世俗的人情世故，這種生活態度是很困惑的。射手座的無神經，很容易傷了對方，而魚座的歇斯底里性行動也很令射手座生氣，而且雙方都沒注意到自己的缺點。

婆婆與媳婦的場合時，婆婆是射手座的話，鄰居或親戚的事情要由媳婦來負責，但事前要和她商量，假如婆婆是魚座的話，把人情世故這些禮儀交給婆婆卽可。

●山羊座女性↑↓山羊座女性

雙方都太注重現實的利益了，這是這個組合的問題所在。山羊座只對與生活有關的事物才會產生關心，所以雙方利害相同，可能有好的情況出現，但是雙方要爭取最大的利益時，就可能發生衝突。

這個組合假如以興趣來結合的話較爲理想，尤其是以占卜、小說、宗敎的研究爲媒介的話，更能激勵雙方的研究熱誠，而達到預想不到的成果。譬如雙方有共同的宗敎信仰時，周圍會漸漸增加新的信仰者。

婆婆和媳婦是這個組合時，家庭的財政狀態會很健全，但雙方有可能展開激烈的存私房錢競賽。暗中存款當然沒有錯，但容易引起彼此的猜忌，使得家庭的生活氣氛不太對勁。這個組合假如發生磨擦時，最好能推己及人，要爲對方著想才好。

◉山羊座女性↑↓水瓶座女性

雙方沒有共鳴，但也不會發生什麼大衝突，她們的交際大概只止於表面吧。

雙方都是忍耐性强的性格，水瓶座不適合於樸素的行業，而山羊座卻討厭時髦的職業。需要確實研究的職業生活，山羊座較爲優勝，而在創意或獨創性的職業方面水瓶座較爲優勝。假如兩人從事有關藝術的工作，有可能協調一致。但是，雙方又都是獨立性格的人，只要身份有上下之分時就很難和睦相處。

和山羊座交往親密時，水瓶座要實話實說，跟利益和現實生活沒有關係的話題是引不起她的興趣的。假如對方是水瓶座的話，山羊座要留意談一些將來理想的話題，能否實現這是另外一個問題。

婆婆與媳婦之間的話，對山羊座要避免有異風俗習慣的事情，而對水瓶座的話，不要時常談那些家計上的困難和嘮叨金錢的事。

○山羊座女性↑↓魚座女性

雙方能互相補足對方的缺點，這可說是中吉的性相組合。

山羊座有魚座所沒有的實利性格，而山羊座缺乏的浪漫性可以在魚座身上發現。雙方的性格都與生活有密切的關係，而且對家庭和職業的意見也一致。假如是婆媳的話，一個人堅守家裡的經濟，一個人對家族的將來抱著理想。

假如交情淺的話，對山羊座要避免華美的服裝和幼稚的藝術論，而對魚座不能疏忽問候和社交禮儀。婆媳之間也要注意這一點，要時常找時間跟山羊座聊聊，和她商量，她會有被尊重的快感，而對魚座的話，要學習她的交際手腕，向她看齊，這樣也能贏得她的歡心。

●水瓶座女性↑↓水瓶座女性

兩者雖然性格相似，但要維持彼此間之關係仍是困難重重。

若是知識份子或藝術同好者，有彼此相同的興趣還可以談得來。但損害到自己的目的，或競爭愛情對象，有妨害到自身之利害關係時，則產生對抗意識。例如有共同之男友則競爭一定很厲害。特別是此男性並非職員、店員而是大學之教授、或醫生時則要特別注意。

但是有較高知識水準的水瓶座女性則不會直接發生衝突，能以較冷靜的態度來了解朋友。

婆媳之場合，在知識階級之家庭，意見能一致，對兒孫之教育方針也無衝突，雖是理性的結合，但無法眞正內心暖和的交流。

⦿水瓶座女性↑↓魚座女性

二人之間不太寄予關心，旣無激烈的衝突，但也不引起深深的共鳴。

表面淡淡的，內心冷冷地互相觀察對方。對圓滑的魚座女性來說認爲水瓶座者較追根究底，愛講小道理。對冷靜的水瓶座來說又覺得雙重人格之魚座者實在無聊。但是卽使遇到不滿之事二人也不在正面衝突。

於婆媳關係來說，魚座者之圓滑，水瓶座者之冷靜，表面上還建立良好的關係，心中的不滿之言均向其丈夫（兒子）訴說。若是此時做丈夫（兒子）的認眞地聽信其言則情勢就不太好了，最好是聽了她們訴苦的話之後裝啞巴不要追究，是好方法。

二人若關係密切時則最好魚座者有交際處理家事的領導權，而冷靜的水瓶座則掌管教育方面。各得其用。友人間之互相交往也以此爲準則。

●魚座女性↑↓魚座女性

作爲玩樂上的朋友合得來，但是若是職業上的搭擋或婆媳之間則無法深深地合得來。雙方均喜歡幻想，常說夢話，因此談些無關痛癢的雜談時非常融洽，但若談到嚴肅的問題，則固執己見，無法合得來。

兩人性格相似，歇斯底里及雙重人格，更增强了險惡的氣氛。因此兩人所關心之事還是不要互相相像較好，此點要注意，婆媳之間若孫子出來時，兩人之注意力轉移到孫子身上，就會合得來了，但是孫子受到兩人强烈影響時，將很難有理論性的教育法則。

兩人均是服裝之愛好者，若能互相誇讚彼此的服飾，則人際關係上就能圓滿，這也是有效的方法。

大展出版社有限公司
品冠文化出版社

圖書目錄

地址：台北市北投區（石牌）
致遠一路二段12巷1號
郵撥：01669551＜大展＞
電話：(02)28236031
28236033
傳真：(02)28272069

法律專欄連載・大展編號 58

台大法學院　法律學系／策劃
法律服務社／編著

1. 別讓您的權利睡著了(1)　200元
2. 別讓您的權利睡著了(2)　200元

・生活廣場・品冠編號 61・

1.	366天誕生星	李芳黛譯	280元
2.	366天誕生花與誕生石	李芳黛譯	280元
3.	科學命相	淺野八郎著	220元
4.	已知的他界科學	陳蒼杰譯	220元
5.	開拓未來的他界科學	陳蒼杰譯	220元
6.	世紀末變態心理犯罪檔案	沈永嘉譯	240元
7.	366天開運年鑑	林廷宇編著	230元
8.	色彩學與你	野村順一著	230元
9.	科學手相	淺野八郎著	230元
10.	你也能成為戀愛高手	柯富陽編著	220元
11.	血型與十二星座	許淑瑛編著	230元
12.	動物測驗—人性現形	淺野八郎著	200元
13.	愛情、幸福完全自測	淺野八郎著	200元
14.	輕鬆攻佔女性	趙奕世編著	230元
15.	解讀命運密碼	郭宗德著	200元
16.	由客家了解亞洲	高木桂藏著	220元

・女醫師系列・品冠編號 62

1.	子宮內膜症	國府田清子著	200元
2.	子宮肌瘤	黑島淳子著	200元
3.	上班女性的壓力症候群	池下育子著	200元
4.	漏尿、尿失禁	中田真木著	200元
5.	高齡生產	大鷹美子著	200元
6.	子宮癌	上坊敏子著	200元

7. 避孕　早乙女智子著　200 元
8. 不孕症　中村春根著　200 元
9. 生理痛與生理不順　堀口雅子著　200 元
10. 更年期　野末悅子著　200 元

・傳統民俗療法・品冠編號 63

1. 神奇刀療法　潘文雄著　200 元
2. 神奇拍打療法　安在峰著　200 元
3. 神奇拔罐療法　安在峰著　200 元
4. 神奇艾灸療法　安在峰著　200 元
5. 神奇貼敷療法　安在峰著　200 元
6. 神奇薰洗療法　安在峰著　200 元
7. 神奇耳穴療法　安在峰著　200 元
8. 神奇指針療法　安在峰著　200 元
9. 神奇藥酒療法　安在峰著　200 元
10. 神奇藥茶療法　安在峰著　200 元
11. 神奇推拿療法　張貴荷著　200 元

・彩色圖解保健・品冠編號 64

1. 瘦身　主婦之友社　300 元
2. 腰痛　主婦之友社　300 元
3. 肩膀痠痛　主婦之友社　300 元
4. 腰、膝、腳的疼痛　主婦之友社　300 元
5. 壓力、精神疲勞　主婦之友社　300 元
6. 眼睛疲勞、視力減退　主婦之友社　300 元

・心 想 事 成・品冠編號 65

1. 魔法愛情點心　結城莫拉著　120 元
2. 可愛手工飾品　結城莫拉著　120 元
3. 可愛打扮 & 髮型　結城莫拉著　120 元
4. 撲克牌算命　結城莫拉著　120 元

・少年偵探・品冠編號 66

1. 怪盜二十面相　江戶川亂步著　特價 189 元
2. 少年偵探團　江戶川亂步著　特價 189 元
3. 妖怪博士　江戶川亂步著　特價 189 元
4. 大金塊　江戶川亂步著　特價 230 元
5. 青銅魔人　江戶川亂步著　特價 230 元
6. 地底魔術王　江戶川亂步著　特價 230 元

7. 透明怪人　江戶川亂步著　特價 230 元
8. 怪人四十面相　江戶川亂步著　特價 230 元
9. 宇宙怪人　江戶川亂步著　特價 230 元
10. 恐怖的鐵塔王國　江戶川亂步著　特價 230 元
11. 灰色巨人　江戶川亂步著　特價 230 元
12. 海底魔術師　江戶川亂步著　特價 230 元
13. 黃金豹　江戶川亂步著
14. 魔法博士　江戶川亂步著
15. 馬戲怪人　江戶川亂步著
16. 魔人銅鑼　江戶川亂步著
17. 魔法人偶　江戶川亂步著
18. 奇面城的秘密　江戶川亂步著
19. 夜光人　江戶川亂步著
20. 塔上的魔術師　江戶川亂步著
21. 鐵人 Q　江戶川亂步著
22. 假面恐怖王　江戶川亂步著
23. 電人 M　江戶川亂步著
24. 二十面相的詛咒　江戶川亂步著
25. 飛天二十面相　江戶川亂步著
26. 黃金怪獸　江戶川亂步著

・武 術 特 輯・大展編號 10

1. 陳式太極拳入門　馮志強編著　180 元
2. 武式太極拳　郝少如編著　200 元
3. 練功十八法入門　蕭京凌編著　120 元
4. 教門長拳　蕭京凌編著　150 元
5. 跆拳道　蕭京凌編譯　180 元
6. 正傳合氣道　程曉鈴譯　200 元
7. 圖解雙節棍　陳銘遠著　150 元
8. 格鬥空手道　鄭旭旭編著　200 元
9. 實用跆拳道　陳國榮編著　200 元
10. 武術初學指南　李文英、解守德編著　250 元
11. 泰國拳　陳國榮著　180 元
12. 中國式摔跤　黃 斌編著　180 元
13. 太極劍入門　李德印編著　180 元
14. 太極拳運動　運動司編　250 元
15. 太極拳譜　清・王宗岳等著　280 元
16. 散手初學　冷 峰編著　200 元
17. 南拳　朱瑞琪編著　180 元
18. 吳式太極劍　王培生著　200 元
19. 太極拳健身與技擊　王培生著　250 元
20. 秘傳武當八卦掌　狄兆龍著　250 元
21. 太極拳論譚　沈 壽著　250 元

書名	作者	定價
22. 陳式太極拳技擊法	馬 虹著	250 元
23. 二十四式/三十二式 太極拳/劍	闞桂香著	180 元
24. 楊式秘傳 129 式太極長拳	張楚全著	280 元
25. 楊式太極拳架詳解	林炳堯著	280 元
26. 華佗五禽劍	劉時榮著	180 元
27. 太極拳基礎講座：基本功與簡化 24 式	李德印著	250 元
28. 武式太極拳精華	薛乃印著	200 元
29. 陳式太極拳拳理闡微	馬 虹著	350 元
30. 陳式太極拳體用全書	馬 虹著	400 元
31. 張三豐太極拳	陳占奎著	200 元
32. 中國太極推手	張 山主編	300 元
33. 48 式太極拳入門	門惠豐編著	220 元
34. 太極拳奇人奇功	嚴翰秀編著	250 元
35. 心意門秘籍	李新民編著	220 元
36. 三才門乾坤戊己功	王培生編著	220 元
37. 武式太極劍精華 +VCD	薛乃印編著	350 元
38. 楊式太極拳	傅鐘文演述	200 元
39. 陳式太極拳、劍 36 式	闞桂香編著	250 元
40. 正宗武式太極拳	薛乃印著	220 元
41. 杜元化＜太極拳正宗＞考析	王海洲等著	300 元
42. ＜珍貴版＞陳式太極拳	沈家楨著	元
43. 24 式太極拳＋VCD	中國國家體育總局著	350 元

・原地太極拳系列・大展編號 11

書名	作者	定價
1. 原地綜合太極拳 24 式	胡啟賢創編	220 元
2. 原地活步太極拳 42 式	胡啟賢創編	200 元
3. 原地簡化太極拳 24 式	胡啟賢創編	200 元
4. 原地太極拳 12 式	胡啟賢創編	200 元

・名師出高徒・大展編號 111

書名	作者	定價
1. 武術基本功與基本動作	劉玉萍編著	200 元
2. 長拳入門與精進	吳彬 等著	220 元
3. 劍術刀術入門與精進	楊柏龍等著	220 元
4. 棍術、槍術入門與精進	邱丕相編著	220 元
5. 南拳入門與精進	朱瑞琪編著	220 元
6. 散手入門與精進	張 山等著	220 元
7. 太極拳入門與精進	李德印編著	元
8. 太極推手入門與精進	田金龍編著	元

・實用武術技擊・大展編號 112

1.	實用自衛拳法	溫佐惠著	250 元
2.	搏擊術精選	陳清山等著	220 元
3.	秘傳防身絕技	陳炳崑著	230 元

・道學文化・大展編號 12

1.	道在養生：道教長壽術	郝 勤等著	250 元
2.	龍虎丹道：道教內丹術	郝 勤著	300 元
3.	天上人間：道教神仙譜系	黃德海著	250 元
4.	步罡踏斗：道教祭禮儀典	張澤洪著	250 元
5.	道醫窺秘：道教醫學康復術	王慶餘等著	250 元
6.	勸善成仙：道教生命倫理	李 剛著	250 元
7.	洞天福地：道教宮觀勝境	沙銘壽著	250 元
8.	青詞碧簫：道教文學藝術	楊光文等著	250 元
9.	沈博絕麗：道教格言精粹	朱耕發等著	250 元

・易學智慧・大展編號 122

1.	易學與管理	余敦康主編	250 元
2.	易學與養生	劉長林等著	300 元
3.	易學與美學	劉綱紀等著	300 元
4.	易學與科技	董光壁著	280 元
5.	易學與建築	韓增祿著	280 元
6.	易學源流	鄭萬耕著	280 元
7.	易學的思維	傅雲龍等著	250 元
8.	周易與易圖	李 申著	250 元

・神算大師・大展編號 123

1.	劉伯溫神算兵法	應 涵編著	280 元
2.	姜太公神算兵法	應 涵編著	280 元
3.	鬼谷子神算兵法	應 涵編著	280 元
4.	諸葛亮神算兵法	應 涵編著	280 元

・秘傳占卜系列・大展編號 14

1.	手相術	淺野八郎著	180 元
2.	人相術	淺野八郎著	180 元
3.	西洋占星術	淺野八郎著	180 元
4.	中國神奇占卜	淺野八郎著	150 元

5. 夢判斷	淺野八郎著	150 元
6. 前世、來世占卜	淺野八郎著	150 元
7. 法國式血型學	淺野八郎著	150 元
8. 靈感、符咒學	淺野八郎著	150 元
9. 紙牌占卜術	淺野八郎著	150 元
10. ESP 超能力占卜	淺野八郎著	150 元
11. 猶太數的秘術	淺野八郎著	150 元
12. 新心理測驗	淺野八郎著	160 元
13. 塔羅牌預言秘法	淺野八郎著	200 元

・趣味心理講座・大展編號 15

1. 性格測驗① 探索男與女	淺野八郎著	140 元
2. 性格測驗② 透視人心奧秘	淺野八郎著	140 元
3. 性格測驗③ 發現陌生的自己	淺野八郎著	140 元
4. 性格測驗④ 發現你的真面目	淺野八郎著	140 元
5. 性格測驗⑤ 讓你們吃驚	淺野八郎著	140 元
6. 性格測驗⑥ 洞穿心理盲點	淺野八郎著	140 元
7. 性格測驗⑦ 探索對方心理	淺野八郎著	140 元
8. 性格測驗⑧ 由吃認識自己	淺野八郎著	160 元
9. 性格測驗⑨ 戀愛知多少	淺野八郎著	160 元
10. 性格測驗⑩ 由裝扮瞭解人心	淺野八郎著	160 元
11. 性格測驗⑪ 敲開內心玄機	淺野八郎著	140 元
12. 性格測驗⑫ 透視你的未來	淺野八郎著	160 元
13. 血型與你的一生	淺野八郎著	160 元
14. 趣味推理遊戲	淺野八郎著	160 元
15. 行為語言解析	淺野八郎著	160 元

・婦 幼 天 地・大展編號 16

1. 八萬人減肥成果	黃靜香譯	180 元
2. 三分鐘減肥體操	楊鴻儒譯	150 元
3. 窈窕淑女美髮秘訣	柯素娥譯	130 元
4. 使妳更迷人	成　玉譯	130 元
5. 女性的更年期	官舒妍編譯	160 元
6. 胎內育兒法	李玉瓊編譯	150 元
7. 早產兒袋鼠式護理	唐岱蘭譯	200 元
8. 初次懷孕與生產	婦幼天地編譯組	180 元
9. 初次育兒 12 個月	婦幼天地編譯組	180 元
10. 斷乳食與幼兒食	婦幼天地編譯組	180 元
11. 培養幼兒能力與性向	婦幼天地編譯組	180 元
12. 培養幼兒創造力的玩具與遊戲	婦幼天地編譯組	180 元
13. 幼兒的症狀與疾病	婦幼天地編譯組	180 元

14. 腿部苗條健美法	婦幼天地編譯組	180 元
15. 女性腰痛別忽視	婦幼天地編譯組	150 元
16. 舒展身心體操術	李玉瓊編譯	130 元
17. 三分鐘臉部體操	趙薇妮著	160 元
18. 生動的笑容表情術	趙薇妮著	160 元
19. 心曠神怡減肥法	川津祐介著	130 元
20. 內衣使妳更美麗	陳玄茹譯	130 元
21. 瑜伽美姿美容	黃靜香編著	180 元
22. 高雅女性裝扮學	陳珮玲譯	180 元
23. 蠶糞肌膚美顏法	坂梨秀子著	160 元
24. 認識妳的身體	李玉瓊譯	160 元
25. 產後恢復苗條體態	居理安・芙萊喬著	200 元
26. 正確護髮美容法	山崎伊久江著	180 元
27. 安琪拉美姿養生學	安琪拉蘭斯博瑞著	180 元
28. 女體性醫學剖析	增田豐著	220 元
29. 懷孕與生產剖析	岡部綾子著	180 元
30. 斷奶後的健康育兒	東城百合子著	220 元
31. 引出孩子幹勁的責罵藝術	多湖輝著	170 元
32. 培養孩子獨立的藝術	多湖輝著	170 元
33. 子宮肌瘤與卵巢囊腫	陳秀琳編著	180 元
34. 下半身減肥法	納他夏・史達賓著	180 元
35. 女性自然美容法	吳雅菁編著	180 元
36. 再也不發胖	池園悅太郎著	170 元
37. 生男生女控制術	中垣勝裕著	220 元
38. 使妳的肌膚更亮麗	楊 皓編著	170 元
39. 臉部輪廓變美	芝崎義夫著	180 元
40. 斑點、皺紋自己治療	高須克彌著	180 元
41. 面皰自己治療	伊藤雄康著	180 元
42. 隨心所欲瘦身冥想法	原久子著	180 元
43. 胎兒革命	鈴木丈織著	180 元
44. NS 磁氣平衡法塑造窈窕奇蹟	古屋和江著	180 元
45. 享瘦從腳開始	山田陽子著	180 元
46. 小改變瘦 4 公斤	宮本裕子著	180 元
47. 軟管減肥瘦身	高橋輝男著	180 元
48. 海藻精神秘美容法	劉名揚編著	180 元
49. 肌膚保養與脫毛	鈴木真理著	180 元
50. 10 天減肥 3 公斤	彤雲編輯組	180 元
51. 穿出自己的品味	西村玲子著	280 元
52. 小孩髮型設計	李芳黛譯	250 元

・青 春 天 地・大展編號 17

1. A 血型與星座	柯素娥編譯	160 元
2. B 血型與星座	柯素娥編譯	160 元

3. O血型與星座　柯素娥編譯　160元
4. AB血型與星座　柯素娥編譯　120元
5. 青春期性教室　呂貴嵐編譯　130元
7. 難解數學破題　宋釗宜編譯　130元
9. 小論文寫作秘訣　林顯茂編譯　120元
11. 中學生野外遊戲　熊谷康編著　120元
12. 恐怖極短篇　柯素娥編譯　130元
13. 恐怖夜話　小毛驢編譯　130元
14. 恐怖幽默短篇　小毛驢編譯　120元
15. 黑色幽默短篇　小毛驢編譯　120元
16. 靈異怪談　小毛驢編譯　130元
17. 錯覺遊戲　小毛驢編著　130元
18. 整人遊戲　小毛驢編著　150元
19. 有趣的超常識　柯素娥編譯　130元
20. 哦！原來如此　林慶旺編譯　130元
21. 趣味競賽100種　劉名揚編譯　120元
22. 數學謎題入門　宋釗宜編譯　150元
23. 數學謎題解析　宋釗宜編譯　150元
24. 透視男女心理　林慶旺編譯　120元
25. 少女情懷的自白　李桂蘭編譯　120元
26. 由兄弟姊妹看命運　李玉瓊編譯　130元
27. 趣味的科學魔術　林慶旺編譯　150元
28. 趣味的心理實驗室　李燕玲編譯　150元
29. 愛與性心理測驗　小毛驢編譯　130元
30. 刑案推理解謎　小毛驢編譯　180元
31. 偵探常識推理　小毛驢編譯　180元
32. 偵探常識解謎　小毛驢編譯　130元
33. 偵探推理遊戲　小毛驢編譯　180元
34. 趣味的超魔術　廖玉山編著　150元
35. 趣味的珍奇發明　柯素娥編著　150元
36. 登山用具與技巧　陳瑞菊編著　150元
37. 性的漫談　蘇燕謀編著　180元
38. 無的漫談　蘇燕謀編著　180元
39. 黑色漫談　蘇燕謀編著　180元
40. 白色漫談　蘇燕謀編著　180元

・健康天地・大展編號18

1. 壓力的預防與治療　柯素娥編譯　130元
2. 超科學氣的魔力　柯素娥編譯　130元
3. 尿療法治病的神奇　中尾良一著　130元
4. 鐵證如山的尿療法奇蹟　廖玉山譯　120元
5. 一日斷食健康法　葉慈容編譯　150元
6. 胃部強健法　陳炳崑譯　120元

7. 癌症早期檢查法　廖松濤譯　160 元
8. 老人痴呆症防止法　柯素娥編譯　170 元
9. 松葉汁健康飲料　陳麗芬編譯　150 元
10. 揉肚臍健康法　永井秋夫著　150 元
11. 過勞死、猝死的預防　卓秀貞編譯　130 元
12. 高血壓治療與飲食　藤山順豐著　180 元
13. 老人看護指南　柯素娥編譯　150 元
14. 美容外科淺談　楊啟宏著　150 元
15. 美容外科新境界　楊啟宏著　150 元
16. 鹽是天然的醫生　西英司郎著　140 元
17. 年輕十歲不是夢　梁瑞麟譯　200 元
18. 茶料理治百病　桑野和民著　180 元
19. 綠茶治病寶典　桑野和民著　150 元
20. 杜仲茶養顏減肥法　西田博著　170 元
21. 蜂膠驚人療效　瀨長良三郎著　180 元
22. 蜂膠治百病　瀨長良三郎著　180 元
23. 醫藥與生活㈠　鄭炳全著　180 元
24. 鈣長生寶典　落合敏著　180 元
25. 大蒜長生寶典　木下繁太郎著　160 元
26. 居家自我健康檢查　石川恭三著　160 元
27. 永恆的健康人生　李秀鈴譯　200 元
28. 大豆卵磷脂長生寶典　劉雪卿譯　150 元
29. 芳香療法　梁艾琳譯　160 元
30. 醋長生寶典　柯素娥譯　180 元
31. 從星座透視健康　席拉・吉蒂斯著　180 元
32. 愉悅自在保健學　野本二士夫著　160 元
33. 裸睡健康法　丸山淳士等著　160 元
34. 糖尿病預防與治療　藤山順豐著　180 元
35. 維他命長生寶典　菅原明子著　180 元
36. 維他命 C 新效果　鐘文訓編　150 元
37. 手、腳病理按摩　堤芳朗著　160 元
38. AIDS 瞭解與預防　彼得塔歇爾著　180 元
39. 甲殼質殼聚糖健康法　沈永嘉譯　160 元
40. 神經痛預防與治療　木下真男著　160 元
41. 室內身體鍛鍊法　陳炳崑編著　160 元
42. 吃出健康藥膳　劉大器編著　180 元
43. 自我指壓術　蘇燕謀編著　160 元
44. 紅蘿蔔汁斷食療法　李玉瓊編著　150 元
45. 洗心術健康秘法　竺翠萍編譯　170 元
46. 枇杷葉健康療法　柯素娥編譯　180 元
47. 抗衰血癒　楊啟宏著　180 元
48. 與癌搏鬥記　逸見政孝著　180 元
49. 冬蟲夏草長生寶典　高橋義博著　170 元
50. 痔瘡・大腸疾病先端療法　宮島伸宜著　180 元

國家圖書館出版品預行編目資料

12 星座算命術/ 訪星珠著. －2 版
－臺北市：大展，民 87
面；21 公分 －（命理與預言；1）
ISBN 957-557-828-7 （平裝）
1. 占星術

292.22 87006964

12 星座算命術

ISBN 957-557-828-7

編 著 者 / 訪 星 珠
發 行 人 / 蔡 森 明
出 版 者 / 大展出版社有限公司
社　　址 / 台北市北投區（石牌）致遠一路 2 段 12 巷 1 號
電　　話 / （02）28236031・28236033・28233123
傳　　真 / （02）28272069
郵政劃撥 / 01669551
E－mail / dah-jaan@ms9.tisnet.net.tw
登 記 證 / 局版臺業字第 2171 號
承 印 者 / 國順圖書印刷公司
裝　　訂 / 嶸興裝訂有限公司
排 版 者 / 千兵企業有限公司
初版 1 刷 / 1990 年（民 79 年） 5 月
2 版 1 刷 / 1998 年（民 87 年） 8 月
2 版 2 刷 / 2002 年（民 91 年） 7 月

定價 / 200 元

大展好書 好書大展